Heidemarie Brosche
Mein Kind ist genau richtig, wie es ist

Heidemarie Brosche

Mein Kind ist genau richtig, wie es ist

Das Ermutigungsbuch für Eltern

Kösel

Sollte diese Publikation Links auf Webseiten Dritter enthalten, so übernehmen wir für deren Inhalte keine Haftung, da wir uns diese nicht zu eigen machen, sondern lediglich auf deren Stand zum Zeitpunkt der Erstveröffentlichung verweisen.

Verlagsgruppe Random House FSC® N001967

2. Auflage
Copyright © 2017 Kösel-Verlag, München,
in der Verlagsgruppe Random House GmbH,
Neumarkter Straße 28, 81673 München
Umschlag: Weiss Werkstatt, München
Umschlagmotiv: plainpicture/Jakob Fridholm
Druck und Bindung: CPI books GmbH, Leck
Satz: Greiner & Reichel, Köln
Printed in Germany
ISBN 978-3-466-34674-5
www.koesel.de

📱 Dieses Buch ist auch als E-Book erhältlich.

Inhalt

Ein persönliches Vorwort   9

1 Unikate – in Schubladen sortiert   13
Vom einzigartigen Geschenk »Kind«
zur bewerteten Ware   13
Auch Unikate kann man sortieren – ein Ausflug
in die Persönlichkeitstypologie   15
Schubladeninhalte genauer betrachtet   18
    Ist der Inhalt der einen Schublade besser als der der anderen?   19
    Kann man den Inhalt der Schubladen ändern?   22
    Das ewige Vergleichen   23

2 Mäkler und Schwächen-Finder   29
Verwandte, Freunde und Bekannte   30
Zufallsbegegnungen   32
Kita und Kindergarten   33
Institution Schule   34
Wir Eltern selbst   41

3 Was Bemängelung anrichten kann   43
Wie sich Bemängelung auf Eltern auswirkt   43
Wie sich Bemängelung auf Kinder auswirkt   44
    Immer auf dem Prüfstand – ein Gedankenexperiment   46

Mögliche Folgen in Kindheit und Jugend	48
Mögliche Folgen im Erwachsenenleben	55

4 Wer entscheidet, was wünschens- oder »bemängelnswert« ist? 67

Bewertungen sind relativ	67
Zeitgeist	69
Land, Kultur, Religion	72
Mädchen oder Junge?	73
Elternhaus	75
Ein und dasselbe Kind in unterschiedlichen Umgebungen	77
Das spätere berufliche und private Leben als Bewertungskriterium	77

5 Vermeintliche Schwächen anders sehen 83

Stärken *neben* den Schwächen sehen	83
Stärken *in* den Schwächen sehen	84
Widerstände gegen ein »Anders-Sehen«	86
Warum es sich lohnt, Stärken in den Schwächen zu sehen	90
Was Eltern aus der neuen Sichtweise lernen können	96

6 Stärken in den Schwächen – ganz konkret 107

Zu faul, *zu* bequem, *zu* wenig ehrgeizig	110
Die vermeintliche Schwäche	111
Die Stärke in der Schwäche	112
Tipps für Eltern	119
Zu introvertiert, *zu* schüchtern, *zu* ängstlich, *zu* ruhig, *zu* ernst, *zu* nachdenklich, *zu* grüblerisch, *zu* sensibel	120
Die vermeintliche Schwäche	121
Die Stärke in der Schwäche	126
Tipps für Eltern	132

Zu unkonzentriert, *zu* verträumt — 134
    Die vermeintliche Schwäche — 135
    Die Stärke in der Schwäche — 137
    Tipps für Eltern — 138

Zu extravertiert, *zu* lebhaft, *zu* geschwätzig,
zu albern, mit *zu* wenig Ernst bei der Sache — 139
    Die vermeintliche Schwäche — 140
    Die Stärke in der Schwäche — 142
    Tipps für Eltern — 145

Zu schnell, *zu* flüchtig, *zu* oberflächlich,
zu unordentlich — 146
    Die vermeintliche Schwäche — 146
    Die Stärke in der Schwäche — 148
    Tipps für Eltern — 151

Zu langsam, *zu* begriffsstutzig, *zu* unpünktlich — 151
    Die vermeintliche Schwäche — 153
    Die Stärke in der Schwäche — 156
    Tipps für Eltern — 158

Zu eigensinnig, *zu* undiszipliniert, *zu* frech,
zu aufmüpfig — 158
    Die vermeintliche Schwäche — 159
    Die Stärke in der Schwäche — 161
    Tipps für Eltern — 164

Zu gewissenhaft, *zu* ehrgeizig, *zu* verbissen,
zu perfektionistisch — 165
    Die vermeintliche Schwäche — 165
    Die Stärke in der Schwäche — 166
    Tipps für Eltern — 166

Zu aggressiv, *zu* jähzornig	167
Die vermeintliche Schwäche	168
Die Stärke in der Schwäche	169
Tipps für Eltern	170
Mängelhäufung mit gutem Ausgang	171
Schlusswort	177
Anhang	181
Dank	181
Anmerkungen	182
Literaturverzeichnis	187

Ein persönliches Vorwort

Als Kind war ich zwar freundlich, aufgeweckt und ehrgeizig, wenn man den Bemerkungen in meinen Grundschulzeugnissen Glauben schenken darf. Ich war aber auch *zu* schnell, *zu* flüchtig, *zu* schwärmerisch und ein bisschen *zu* mitteilsam – in den Augen meiner diversen Lehrerinnen und Beobachter. Im Beichtstuhl bekannte ich als Zehnjährige, *zu* jähzornig zu sein, weil mir meine Umgebung das Gefühl vermittelt hatte, dies sei eine Schwäche von mir. Meinem Vater war ich *zu* eitel, weil er mich öfter mal beim Blick in den Spiegel ertappte. Mir selber war ich immer *zu* unsportlich, weil ich an den Foltergeräten in der Turnhalle versagte. Am Anfang der Pubertät war ich manchen Mitschülerinnen *zu* streberhaft und *zu* uncool, wie sie mich gerne wissen ließen. Wenig später war ich den Lehrkräften *zu* diskussionsfreudig und plötzlich *zu* wenig ehrgeizig. Als Erwachsene erhielt ich von meiner Umgebung Etiketten verpasst wie »*zu* bescheiden«, »*zu* arbeitsam«, aber auch »*zu* emotional«, »*zu* lebenslustig«.

An jedes einzelne *Zu* seit Kindertagen erinnere ich mich gut, auch an das Gefühl, das damit einherging: Ich erfüllte irgendwelche Erwartungen nicht. Etwas an mir war nicht in Ordnung. An mir wurden Mängel festgestellt.

Als meine Kinder Schüler waren, ließ mich die Schule wissen, sie seien wechselweise *zu* ruhig, *zu* lebhaft, *zu* ernst, *zu* albern, *zu* laut, *zu* kontaktfreudig, *zu* verschlossen, *zu* impulsiv, *zu* eigensinnig. An jedes einzelne *Zu* seit Muttertagen erinnere ich mich, auch an das Gefühl, das damit einherging: Eines meiner Kinder erfüllte irgendwelche Erwartungen nicht. Etwas an ihm war nicht in Ordnung. An ihm wurden Mängel festgestellt.

Nur, dass diesmal neue Gefühle hinzukamen: War ich als Mutter womöglich an den Mängeln schuld? Musste ich gegensteuern? Hätte ich nicht längst gegensteuern sollen?

Dann wurden die Kinder größer, älter. Sie wurden keine perfekten Wesen, natürlich nicht! Aber ich stellte fest: Sie waren, wie sie waren. Jedes von ihnen war, wie es war. Manche der einst konstatierten Mängel hatten sich ausgewachsen, manche waren Markenzeichen geblieben. Und bei alledem war nichts Schlimmes passiert. Im Gegenteil: Manche ehemaligen Schwächen hatten sich langsam, aber sicher sogar als Stärken erwiesen.

Ich begann intensiv nachzudenken. Was sollte dieses ewige »Du bist *zu* ...«, »Sie sind *zu* ...«, »Ihr Kind ist *zu* ...«? Warum musste ich mich kläglich fühlen, weil irgendjemand beschlossen hatte, ich sei so, wie ich war, nicht in Ordnung? Warum musste ich mich kläglich fühlen, weil irgendjemand beschlossen hatte, mein Kind sei so, wie es war, nicht in Ordnung? Warum musste sich dieses Kind kläglich fühlen, weil irgendjemand beschlossen hatte, es sei so, wie es war, nicht in Ordnung? Hatten all diese Beanstandungen irgendetwas Gutes bewirkt? War ich weniger jähzornig, weniger eitel, weniger emotional geworden, weil man mich dieser Schwächen bezichtigt hatte? Waren meine Kinder besser gediehen, nachdem man sie mit ihren Mängeln konfrontiert hatte? War ich als Mutter besser in der Lage, meine Kinder gut zu erziehen, nachdem ich über ebendiese »Mängel« informiert worden war?

Das Ergebnis meines Nachdenkens und -forschens lautete: Jede einzelne dieser Bemängelungen hatte ungute Gefühle ausgelöst, keine dieser Bemängelungen hatte etwas zum Guten bewegt. Im Gegenteil: Manchmal hatte das Bemühen, gegen die

Schwächen anzukämpfen, den Blick auf die Stärken verstellt, auf die Stärken, die nicht nur *neben* den Schwächen existierten, sondern die *in* den sogenannten Schwächen selbst verborgen waren.

»Diese eingepflanzte *Zu-*...-Handbremse hat mich länger begleitet, als mir lieb war«, gestand mir eine Bekannte neulich.

All diese Gedanken waren der Auslöser für das vorliegende Buch. Ich habe es geschrieben, um Sie, liebe Leserinnen und Leser, zu einem anderen Blick auf die Eigenarten und Verhaltensweisen Ihrer Kinder zu motivieren. Um Ihnen Mut zu machen, die Dinge anders zu sehen und das abwertende *Zu* in die Ecke zu verbannen. Auf dass kleine und große Menschen sich nicht als Mängelwesen fühlen müssen, weil sie so sind, wie sie sind, sondern voller Zuversicht darauf vertrauen, genau mit diesem So-Sein ein gutes Leben führen zu können.

So weit war ich mit meinem Vorwort gekommen, als ein Vorfall durch die Presse ging, der sich in einem deutschen Klassenzimmer abgespielt hatte: Ein Lehrer war vor Gericht gelandet, weil er einem Schüler nicht erlaubt hatte, bei Unterrichtsschluss das Klassenzimmer zu verlassen. Begründung: Die vom Lehrer geforderte Arbeit war vom Schüler noch nicht fertiggestellt worden. Als ich das las, fuhr mir der Schreck in die Glieder: Hoffentlich werden die Leser dieses Buches mich nicht missverstehen. Hoffentlich werden sie meine Worte nicht so interpretieren, dass der Lehrer diesen Jungen nicht hätte abwerten dürfen. Hoffentlich werde ich den Beifall nicht von der falschen Seite erhalten.

Warum mir das so wichtig ist: Ich kann das Verhalten dieses Lehrers sehr gut verstehen. Ich selbst befand mich als Lehrerin nicht nur einmal in der Situation, dass ich einem Schüler klar zu verstehen gab: »Ehe du dies oder das nicht getan hast, gehst du hier nicht raus.« Dies selbstverständlich nie angesichts eines jungen Wesens, das einfach nicht schneller konnte, aber sehr wohl als Reaktion auf bewusste Trödelei oder Arbeitsverweigerung.

Insofern greife ich an dieser Stelle dem Inhalt des vorliegenden Buches vor und richte einen leidenschaftlichen Appell an die Leser: nicht abwerten, aber auch nicht verhätscheln!

Noch ein Hinweis gleich zu Beginn: Sie finden in diesem Buch nicht nur viele Verweise auf Fachbücher, sondern auch auf Fachartikel, vor allem aus der Zeitschrift *Psychologie Heute*. Das hat einen einfachen Grund: Seit Jahren informiere ich mich in dieser Zeitschrift über neue Forschungsergebnisse. Immer wieder auch ist die Lektüre Anlass für mich, in den dort erwähnten Büchern genauer nachzulesen. Für das vorliegende Buch habe ich viele Jahrgänge durchforstet und bin erstaunlich oft bestätigt worden: Ja, man kann die Dinge auch anders sehen!

Eine letzte Anmerkung vorab: In diesem Buch werden Sie auf zahlreiche Erfahrungsberichte stoßen. Ich bin allen, die hier so ehrlich Einblick in ihr Erleben gewährt haben, dankbar. Und ich verstehe, wenn nicht jede und jeder mit ihrem/seinem echten Namen abgedruckt werden möchte. Deshalb sind manche dieser Berichte mit einem anderen Namen unterzeichnet. Ich bin sicher, auch Sie, liebe Leserinnen und Leser, haben dafür Verständnis.

Nun wünsche ich Ihnen viele Aha-Erlebnisse und viel Zuversicht!

Ihre Heidemarie Brosche

1
Unikate – in Schubladen sortiert

Vom einzigartigen Geschenk »Kind« zur bewerteten Ware

Ich erinnere mich noch gut: an meine eigene Sehnsucht nach einem Kind, an meine eigene übergroße Freude, als es endlich da war, an die erste Zeit, in der das Geschenk »Kind« wie ein Wunder bestaunt wird und Bewertungen schlicht nicht stattfinden. Wie entzückend es ist! Wie schön es schläft! Wie sehr es wohl leidet, wenn es schreit? Wie einmalig, wie einzigartig es doch ist! So etwas gibt es tatsächlich nur einmal!

Auch bei all unseren Freunden und Bekannten konnte ich sie beobachten: die riesengroße Freude, das bedingungslose Annehmen des großen Wunders »Kind«.

Doch bald beginnt das, was in meinen Augen die Ursache vielen Übels ist: Das Kind wird verglichen. Oh, das Kind schläft *zu* wenig – im Vergleich zum Kind der Nachbarin. Das Kind ist *zu* mutterbezogen – im Vergleich zum Kind der Freundin. Das Kind trinkt *zu* viel oder *zu* wenig. Das Kind schreit *zu* viel oder *zu* wenig. Das Kind ist *zu* dick oder *zu* dünn. Das Kind läuft *zu* spät, das Kind spricht *zu* wenig …

Und schon ist das große Geschenk »Kind« auf dem Prüfstand. Kein Wunder mehr, sondern ein Menschenjunges, das bewertet wird. Klar, manche Dinge müssen medizinisch abgeklärt werden. Entwicklungsverzögerungen können ernste Ursachen haben. Aber viele Probleme sind hausgemacht. Wir wissen doch: Manche Menschen brauchen mehr, manche weniger

Schlaf. Manche Menschen brauchen mehr, manche weniger Ruhe. Warum sollte dies bei kleinen Kindern anders sein? Welcher Teufel reitet uns Eltern, unsere Kinder als »Mängelexemplare« abstempeln zu lassen?

Die Kleinkindpädagogin, Buchautorin und dreifache Mutter Susanne Mierau schreibt: »Unsere Kinder brauchen uns. Sie brauchen, dass wir hinter ihnen stehen und sie toll finden. So, wie sie sind. Ob sie schwimmen können, lesen, auf einem Bein hüpfen oder eben all das noch nicht.«[1]

Dabei ist das Baby- und Kleinkindalter erst der Anfang. In Kita und Kindergarten beginnt das große Vergleichen mit dem Rest der Gruppe, eine gesamte Schulzeit lang wird das fortgesetzt. An sich ist das erst mal nichts Schlimmes. Tatsächlich wirkt das eigene Kind zu Hause vielleicht durchaus lebhaft, im Vergleich zu den anderen Gruppenmitgliedern aber eher ruhig. Für die Eltern eine interessante Information, aber noch lange kein Grund, in Sorge oder Zugzwang zu geraten. Leider kann der Umgang mit den Vergleichsergebnissen dennoch Schlimmes auslösen: das Gefühl nämlich, hier seien Menschen nicht in Ordnung, wie sie sind.

Oje, mein Kind braucht länger zum Anziehen seiner Schuhe als die anderen?! Ist es womöglich *zu* langsam? Das muss sich ändern!

Oh nein, mein Kind ist *zu* ängstlich?! Ich muss etwas unternehmen, damit es mutiger wird!

Oder: Was soll ich nur tun, mein Kind ist *zu* vorlaut?!

Von diesen Elterngefühlen ist es nicht mehr weit zu: »Du bist *zu* langsam, liebe Tochter!«, »Du bist *zu* feige, mein Sohn!« oder »Hüte deine Zunge, mein Kind!«

Eltern, Verwandte, Bekannte, Erzieher und nicht zuletzt Lehrkräfte – sie blicken auf das einstmalige Geschenk wie auf eine bestellte Ware. Erfüllt sie die Erwartungen? Wo sind ihre Defizite?

Auf Bewertungsportalen kann man Warenkritik in Rezensionsform lesen, in Zeugnissen finden sich zu diesem Zweck Bemerkungen. Gerne wird die Kritik auch in mündlicher Form vorgetragen, nicht nur von Lehrkräften.

Auch Unikate kann man sortieren – ein Ausflug in die Persönlichkeitstypologie

Ja, der Herrgott hat einen großen Tiergarten, wie der Volksmund so schön sagt.

Dass Menschen von Geburt an unterschiedlich in ihrem Charakter und in ihrem Temperament sind, hat der griechische Philosoph Empedokles schon im 5. Jahrhundert vor Christus festgestellt. Für ihn waren die Menschen von den »vier Elementen« Feuer, Wasser, Erde und Luft geprägt. Hippokrates sagte knapp 100 Jahre später, dass die vier Körpersäfte Blut, Schleim, schwarze und gelbe Galle eine große Rolle spielten. Noch später ordnete man den vier Säften vier Temperamente zu.

Diese Temperamenten-Lehre wurde zu einem Modell, mit dessen Hilfe man Menschen nach ihrer Grund-Wesensart in vier Kategorien einordnete:

- der leichtblütige Sanguiniker mit sorglosem, augenblicksbezogenem Temperament,
- der warmblütige Choleriker mit leicht erregbarem, aufbrausendem Temperament,
- der schwerblütige Melancholiker mit besorgtem, pessimistischem Temperament und
- der kaltblütige Phlegmatiker mit langsamem, untätigem Temperament.

Besser als jede theoretisch-langatmige Erklärung verdeutlicht das Wesentliche dieser Temperamenttypen das Beispiel mit dem Stein:

Ein Mensch will eine Wanderung machen. Plötzlich liegt ein großer Stein im Weg.
Der Sanguiniker hüpft oder klettert fröhlich darüber.
Der Choleriker wird wütend und wendet einen Kraftakt an, um den Stein aus dem Weg zu räumen.
Der Melancholiker kommt ins Grübeln: Soll er die Wanderung vielleicht abbrechen? Ist sie wirklich sinnvoll?
Der Phlegmatiker macht einen großen Bogen um den Stein. Auf keinen Fall will er in einen Konflikt geraten.

In der Psychologie der Neuzeit ordnete C. G. Jung (1875–1961) den extravertierten und introvertierten »Einstellungstypen« die Bewusstseinsfunktionen Denken, Fühlen, Empfinden und Intuieren zu, sodass es insgesamt acht Typen gab, zum Beispiel den introvertierten Fühltyp und den introvertierten Denktyp.

In den 1930er-Jahren begann man ein Fünf-Faktoren-Modell der Persönlichkeitstypologie zu entwickeln, das man auch die »Big Five« nennt und das nach fünf Hauptdimensionen der Persönlichkeit kategorisiert: Neurotizismus, Extraversion, Offenheit für Erfahrungen, Gewissenhaftigkeit und Verträglichkeit. Aus diesen Big Five wurden die fünf großen Persönlichkeitseigenschaften entwickelt:

- worauf Menschen ihre Energie richten: introvertiert – extravertiert,
- wie Menschen denken: praktisch – theoretisch,
- wie Menschen interagieren: hart – kooperativ,
- wie Menschen leben: spontan – geplant,
- wie empfindlich Menschen sind: resistent – empfindlich.

Diese Big Five galten jahrelang nur für Menschen aus westlichen Kulturen als gesichert, einfach deshalb, weil das Phänomen immer nur an ihnen untersucht worden war. Dann aber gab es 2005 eine Untersuchung des National Institute on Aging in Baltimore – und es zeigte sich: Die Big Five sind in allen menschlichen Kulturen dieser Welt nachweisbar.[2]

Eine kleine Randnotiz: Es stellte sich auch heraus, dass sich Männer und Frauen in asiatischen und afrikanischen Kulturen in Bezug auf ihre Persönlichkeit besonders ähnlich, in europäischen und amerikanischen Kulturen besonders unähnlich sind. Dies liegt wohl daran, dass in sehr individualistischen Kulturen ein ausgeprägtes Rollenverständnis herrscht, das zur Betonung der Geschlechtsunterschiede führt.

Nicht zu vergessen schließlich noch die zwölf Sternzeichen der Astrologie und die neun Typen des Enneagramms, die ebenfalls zur Typenlehre herangezogen werden.

Sie fragen sich jetzt womöglich: Was hat es mit diesem Ausflug in die Persönlichkeitstypologie auf sich? Warum musste ich mich mit so vielen verschiedenen Modellen beschäftigen, die allesamt eines gemeinsam haben: Sie stecken Menschen, die doch einzigartig sind, in Schubladen – nach Körperbau, Eigenschaften, Eigenarten, Temperamenten und Charakterzügen. Warum also das alles durchlesen, obwohl ich doch eigentlich nur mit dem eigenen Kind und vielleicht auch mit mir selbst richtig umgehen will?

Die Antwort lautet: Dieser schon seit Langem unternommene Versuch, Menschen in Kategorien einzuordnen, zeigt, dass man ihre Verschiedenartigkeit auch seit Langem schon bemerkt hat. Vielleicht sogar, dass Menschen unterschiedlich sind und als unterschiedlich wahrgenommen wurden, seit es sie gibt. Die Geschichte von Kain und Abel singt ein Lied davon. Vermutlich gab es auch schon unter den Steinzeitmenschen langsame und schnelle, gerissene und ehrliche, ruhige und lebhafte Zeitgenossen.

Auch die Tierforschung legt dies nahe. Michael Ringelsiep schreibt auf *Planet Wissen*: »Hundefreunde und Katzenliebhaber wissen es schon lange: Tiere haben einen eigenen Charakter. Der eine Hund ist ängstlich, der andere frech. Die eine

Katze ein Draufgänger, die andere leicht neurotisch.«[3] Ringelsiep berichtet darüber, dass nicht nur Haustiere, sondern auch Wildtiere in Bezug auf Charakter und Temperament unterschiedlich seien. An Hyänen, Regenbogenforellen, Stichlingen, Goldfischen, Kohl- und Blaumeisen, Tintenfischen, Spinnen, Ameisen und Wasserläufern seien – neben den Affen – Mut, Schüchternheit, Neugierde oder Durchsetzungsfähigkeit festgestellt worden. Kerstin Viering schreibt in ihrem Beitrag »Verhaltensforschung – Auch Affen haben Charakter«: »Biologen und Psychologen haben erkannt, dass Affen Individuen sind. Es gibt Choleriker, Angsthasen und Verspielte – genau wie bei den menschlichen Pendants ... Je unterschiedlicher eine Art ist, desto anpassungsfähiger ist sie.«[4] Nicht nur eine Bestätigung der These von der Unterschiedlichkeit auch im buchstäblichen Tiergarten, sondern ebenso ein Hoch auf die Unterschiedlichkeit!

Was das Thema dieses Buches betrifft, scheint es gesichert zu sein, dass wir Menschen

- uns einerseits schon von Zeugung an voneinander unterscheiden und somit echte Unikate sind,
- bei aller Einzigartigkeit aber doch in Schubladen mit ähnlichen Menschen gesteckt werden können.

Schubladeninhalte genauer betrachtet

Es drängen sich zwei Fragen auf:

1. Ist der Inhalt der einen Schublade besser als der der anderen? Ist es also sinnvoll, wenn von außen – allen voran von Eltern und Lehrern – ein Änderungsversuch unternommen wird? Sprich: Sind die Temperamentvollen den Zurückhaltenden grundsätzlich überlegen? Sind die Entspannten »besser« als die Ehrgeizigen? Sind die Sensiblen oder die Robusten

»besser«? Ist es von Vorteil, wenn die Ruhigen weniger ruhig, die Ehrgeizigen weniger ehrgeizig, die Sensiblen weniger sensibel sind?
2. Ist es überhaupt möglich, den Inhalt der einzelnen Schubladen zu ändern? Kann man also aus ruhigen Zeitgenossen »Temperamentsbolzen« machen? Lassen sich die Tiefenentspannten zu Perfektionisten ummodeln? Kann man ein Sensibelchen umstricken?

Ist der Inhalt der einen Schublade besser als der der anderen?

Individuelle Vielfalt als Chance für die Gesellschaft

Erinnern wir uns: »Je unterschiedlicher eine Art ist, desto anpassungsfähiger ist sie.« So hieß es in Bezug auf die Vielfalt der Affen. Auch Humanwissenschaftler aus verschiedenen Disziplinen sagen heute ganz eindeutig: Es geht bei den Menschen-Schubladen nicht um besser oder schlechter. Jede Schublade hat nicht nur ihre Berechtigung, sondern ist für das große Ganze wichtig. Nicht nur jeder Mensch, sondern sogar jede Eigenschaft hat ihre Stärken und Schwächen. In jeder Gruppe, in jeder Gesellschaft werden Menschen gebraucht, die eher introvertiert sind, und Menschen, die extravertierter leben. Es werden Menschen gebraucht, die praktisch an eine Sache herangehen, und Menschen, die sich theoretisch damit beschäftigen. Menschen, die eher hart interagieren, und Menschen, die eher kooperativ sind. Menschen, die eher spontan leben, und Menschen, die lieber alles planen. Menschen, die mehr emotional gesteuert sind, und Menschen, die alles rational betrachten.

Die Inuit zum Beispiel nehmen das mit der Vielfalt schon lange ernst. Sie »sind als Gruppe darauf angewiesen, Individuen mit einer Vielzahl von Fähigkeiten und Expertisen großzuziehen. Ein One-size-fits-all-Ansatz würde einer Gesellschaft wie der der Inuits, die in sehr extremer Umgebung lebt, keinen Überlebensvorteil bieten«, schreibt Michaela Schonhöft in ihrem Buch *Kindheiten*.[5]

Der Hirnforscher Gerald Hüther plädiert auch hierzulande für eine Kultur der Kooperation und Integration – weg vom Einzelkämpfer-Denken und hin zu einer neuen Kultur des vertrauensvollen Zusammenlebens und -arbeitens, bei dem jedes Individuum sich mit seinem ureigenen, persönlichen Potenzial einbringt. Genau davon, sagt Hüther, profitiert die Gemeinschaft! Die Überzeugung, nur Wettbewerb sei für Menschen ein Anreiz, sich anzustrengen und weiterzuentwickeln, zählt für ihn zu den klassischen Denkfallen.[6]

Und wer immer noch meint, es sei erstrebenswert, ein Alphatier zu sein oder ein solches als Kind zu haben, weil Machtmenschen eben doch besonders viel auf dieser Erde bewegen, den verweise ich gerne auf ein Experiment eines Forscherteams um Richard Ronay von der Columbia University zum Thema Aufgabenbewältigung. Es brachte folgendes Ergebnis: Zwar schnitten Gruppen, in denen niemand die Anführerrolle übernahm, nicht gut ab. Aber Gruppen, die nur aus Alphatieren bestanden, erzielten ebenfalls kein gutes Resultat. Vor lauter Machtkämpfen kamen sie kaum zum konstruktiven Arbeiten. Dies bestätigte sich, als Boris Groysberg von der Harvard Business School in Boston untersuchte, welche Folgen es hatte, wenn an der Wall Street eine Menge von Topleuten in einem Team versammelt wurden. Das Resultat war eindeutig: Bei zu vielen »Stars« geht die Leistung der Gruppe in die Knie.[7]

Unlängst gab es an unserer Schule einen Workshop für zwei Klassen. Trotz der vielen Jugendlichen verwiesen die Damen, die den Workshop abhielten, uns Lehrkräfte auf die Zuschauerränge. Sie wollten den Workshop ohne unser Eingreifen und Ermahnen durchführen. Was mir den Genuss verschaffte, die ganze große Gruppe einfach beobachten zu können. Und plötzlich fühlte ich mich wie in einem Lehrbuch der Persönlichkeitstypologie: Eine bunte Mischung Pubertierender unterschiedlichen Geschlechts, unterschiedlicher Ethnien, unterschiedlicher Kultur, unterschiedlicher Religion, unterschiedlichen Temperaments entfaltete sich da vor mir. Selbstverständlich ist das nichts Besonderes, wir erleben das täglich in unserem Beruf. Aber: Die Arbeit am vorliegenden Buch machte mich für vieles sensibler als bisher. Was ich sah, war die stets *zu* ruhige Cristina neben der stets *zu* lebhaften Daniela. Die beiden harmonierten großartig und waren einen ganzen Vormittag lange ein Dreamteam. Was ich auch sah, waren die sieben Jugendlichen, die alles taten, um vor Publikum zu agieren beziehungsweise eine Gruppe anzuführen, und in ihrer Vorturner-Rolle tatsächlich brillierten. Und ich sah, wie der bei seinen Mitschülern als *zu* schüchtern geltende David ruhig und ernst seine Meinung vertrat, sobald er in die Rolle des Jurymitglieds geschlüpft war. Wenige Tage vorher hatte er mir im Vertrauen gestanden: »Alle finden, ich bin *zu* ruhig und *zu* ernst. Es stimmt: Ich rede nicht viel. Und ich lache nicht oft. Aber wenn ich etwas zu sagen habe, tue ich es. Und wenn ich etwas lustig finde, lache ich. Ich bin halt anders als die anderen.« Ich sah noch viel mehr und war tief berührt, wie der große »Tiergarten« sich zu einem großen, funktionierenden Ganzen entwickelte.

Die Durchschnittsfalle

Der österreichische Genetiker Markus Hengstschläger kritisiert in seinem Buch *Die Durchschnittsfalle,*[8] dass das aktuelle Bildungssystem Kinder immer genau in den Bereichen fördert, in denen sie als schwach erlebt werden. Schließlich und mit viel Mühe erreichen sie dann durchschnittliche Werte. All das aber, was von der Norm abweicht, all das, worin sie von sich aus begabt und gut sind, worin sie besonders sind, all das, was sie zu Unikaten macht, wird vernachlässigt – denn alles strebt zum Mittelmaß, in eine große Schublade. Nach Hengstschläger muss aber – vor allem von der Schule – dringend erkannt werden, wie viele und welche Talente in einer Gruppe schlummern. Dazu sollten Lehrkräfte auch fähig sein, Talente überhaupt zu finden. Gerade die Talente aus verschiedenen Kulturkreisen, Religionen und Ethnien sieht Hengstschläger als Chance für eine Gesellschaft, wobei er Talent nicht mit Erfolg und Leistung gleichsetzt. Keiner kann die Zukunft kennen, so der Genetiker, und so kann keiner wissen, welche Talente später einmal gebraucht werden. Dringend appelliert er auch an die Eltern, nach dem Besonderen ihrer Kinder Ausschau zu halten.

Für mich heißt das: Es ist weder nötig noch sinnvoll, alle Menschen am Ende in ein und dieselbe Schublade zu stecken. In jeder Schublade ist etwas verborgen, was für die Gesellschaft der Zukunft wertvoll sein kann – und auch für den Einzelnen, sofern man ihm nicht das Gegenteil weismacht.

Kann man den Inhalt der Schubladen ändern?

Wenn jede Eigenart ihre Berechtigung und ihren Wert hat: Wieso sollte man Menschen dann ändern, nur damit sie nicht mehr so sind, wie sie sind? Ganz abgesehen davon: Wäre es überhaupt möglich?

Mit Druck – egal, welcher Art – kann man bei Menschen ziemlich viel erreichen. Vermutlich aber wird man selbst mit gezogener Pistole, unter Folterandrohung oder mit Psychoterror keinen Menschen grundlegend umstricken können. Er mag so tun, als gehöre er plötzlich in eine andere Schublade, im Innersten aber bleibt er seiner ganz persönlichen Kategorie treu. Davon wissen alle ein Lied zu singen, die versucht haben, einen lieben Mitmenschen zu ändern, zum Beispiel ihr Kind oder ihren Ehepartner, und die jetzt ehrlich genug sind, das Ergebnis zu betrachten. Der andere ist nun mal nicht Wachs in den Händen des Änderungswilligen. Er lässt sich nun mal nicht wie eine Skulptur verformen. Er lässt sich auch nicht zum »Traummenschen« verwandeln.

Der Psychologie-Professor Dr. Werner Greve ist davon überzeugt, dass wir uns im Laufe unseres Lebens – auch ohne bewusstes Bemühen – ständig wandeln, ja wandeln müssen, um uns an unsere jeweiligen Lebensumstände anzupassen. Dabei bleiben wir aber wir selbst – und das nicht, *obwohl*, sondern *weil* wir uns ständig ändern, weil wir »in Arbeit«, in Bewegung sind.[9] Wohlgemerkt: Wir wandeln uns ständig – wir werden nicht ständig verändert!

Wieso liegt dann immer wieder Bemängelung in der Luft?

Das ewige Vergleichen

Der Mensch – eine Vergleichsmaschine?

Thomas Mussweiler, Professor der Sozialpsychologie, bezeichnete das menschliche Ich als »Vergleichsmaschine«. Demnach vergleichen wir Menschen uns schnell und ständig, und das häufig, ohne dass es uns bewusst ist. Angeblich versuchen wir so, unsere eigenen Stärken und Schwächen einzuordnen.[10]

Ein kleines unfreiwilliges Selbstexperiment führte mir dies erst kürzlich wieder vor Augen: Gemeinsam mit meinem Mann verbrachte ich ein paar höchst erholsame Tage im Süden. Wir hatten uns bewusst vorgenommen, uns einfach nur zu entspannen – wir hatten es beide nötig. Das Wetter war wunderbar, der Pool angenehm kühl und sauber, die Liegen bequem. Olivenbäume spendeten wohltuenden Schatten und erlaubten zudem den Blick ins zart wogende Blätterdach, aus dem eine Fülle strotzender Früchte grüßte. Alles war so, wie es sein sollte. Ich spürte, wie ich zur Ruhe kam.

Doch waren wir nicht die einzigen Gäste, die hier lagen?! Ach ja, die einen waren längst auf die Mountainbikes gestiegen, die anderen hatten sich zum Wandern aufgemacht, wieder andere hatten schon etliche Bahnen im kühlen Nass zurückgelegt, während wir uns immer noch unser Frühstück schmecken ließen. Ich spürte, wie etwas in mir hochkroch. Kein Neid, ich wollte all diese Aktivitäten ja gar nicht! Aber ein Gefühl wie: »Machen die alle nicht viel mehr aus dem Tag als wir?« Ich wandte mich wieder meinem Buch zu, ich lächelte meinen Mann an, ich genoss die Aussicht. Und dann legten sich doch noch ein paar andere wie wir – einfach so – in den Garten. Ein Grüppchen hier, ein Grüppchen da. Aha, es gab außer uns also auch noch andere Menschen, die es nicht zu anspruchslos fanden, den Tag mit Lesen, Dösen, Reden und Schwimmen zu verbringen! Wieder spürte ich, wie etwas in mir hochkroch. Ein Gefühl der ... ja, man könnte es Beruhigung nennen.

Das war der Moment, an dem ich mir selbst am liebsten eine Ohrfeige verpasst hätte: Warum schielte ich überhaupt auf die anderen? Wieso verglich ich unsere Freizeitgestaltung mit der von wildfremden Menschen? Was hatte deren Lebenszufriedenheit mit der unsrigen zu tun? Ich beschloss wieder einmal, mir das ewige Vergleichen abzugewöhnen. Selbst wenn wir den ganzen Urlaub lang die Einzigen gewesen wären, die im süßen Nichtstun ihre Freude gefunden hätten, selbst wenn wir auf dem gesamten Erdball die Einzigen wären, die im süßen Nichtstun gelegentlich eine große Freude finden würden: Solange es uns guttat und niemandem schadete, war doch alles in bester Ordnung!

Der Arzt und Comedian Eckart von Hirschhausen beklagt in einem seiner viel bejubelten Vorträge, dass Frauen ihre eigene Unzufriedenheit generieren, indem sie sich mit Supermodels vergleichen. »Ich war«, sagt er, »mit Supermodels schon in Talkshows. Ich hab die vor und in der Maske gesehen. Was da passiert, dafür kommt jeder Gebrauchtwagenhändler in den

Knast.« Humorvoll demonstriert er die Macht der inneren Haltung: »Warum können sich Menschen nicht akzeptieren, wie sie sind? Weil sie immer denken, die anderen wären besser als sie.« Hirschhausen führt aus: Dies liegt an unseren Gedanken! Wir selber wissen von anderen Menschen ja nur, was sie aussprechen. Von uns aber kennen wir jeden dämlichen Gedanken, der uns durch den Kopf schießt. Was dazu führt, dass wir denken, wir hätten viel mehr »Mist« im Kopf als die anderen. Das stimmt aber nicht, die anderen sind kein bisschen besser.[11]

Was hat das alles mit unserem Thema zu tun? Wir vergleichen auch unsere Kinder immer wieder, auch wenn wir es nicht wollen. Und das ist nicht gut!

Verurteilen durch Vergleichen

Für den Psychologen Marshall B. Rosenberg sind Vergleiche eine Art Verurteilung. Die Macht des Vergleichens demonstriert er an einigen unterhaltsamen Übungen, die jeder für sich durchführen kann. Man stelle sich vor den Spiegel und vergleiche das, was man sieht, mit dem Foto eines Menschen, der den aktuellen Schönheitsidealen in den Medien entspricht. Welches Gefühl macht sich breit, ohne dass man es will? Ja, ein mieses! Oder: Man vergleiche sich mit Menschen, die auf anderen Ebenen außergewöhnlich sind oder waren – Wolfgang Amadeus Mozart zum Beispiel mit all den Sprachen, die er beherrschte, und all den Stücken, die er komponierte. Welches Gefühl stellt sich ein? Na klar, ein mieses! Die Methode klappt immer.

Ich setze noch einen obendrauf und sage: Man vergleiche sich mit dem Nachbarn, der das größere Haus, den besseren Job, den aufregenderen Urlaub zu bieten hat. Gefühlszustand? Antwort überflüssig.

Ganz leicht wird aber auch andersrum ein Schuh daraus: Stellen wir uns vor, der Nachbar vergleicht sich mit uns, die wir vielleicht die bessere Partnerschaft, die begabteren Kinder, den befriedigenderen Job haben. Gefühlszustand? Eben!

In seinem Standardwerk *Gewaltfreie Kommunikation*[12] bezeichnet Rosenberg auch moralische Urteile, zum Beispiel ein Mensch sei *zu* selbstsüchtig oder *zu* faul, als eine Form der Verurteilung und gleichzeitig als lebensentfremdende Kommunikation. Er geht sogar so weit, dass es die Anwendung von Gewalt fördere, wenn man Menschen in derartige Schubladen steckt. Warum sollten wir unseren Kindern das antun?

Vergleiche sind nicht mehr zeitgemäß

Dr. Raj Raghunathan, Professor an der University of Texas, erklärte vor Kurzem, dass wir uns das ewige Vergleichen noch aus ganz anderen Gründen abgewöhnen sollten: Es sei nicht mehr zeitgemäß, es sei nicht mehr nötig, es raube uns lediglich Lebensfreude.[13] Überzeugend belegt er, warum wir Menschen darauf konditioniert sind, uns mit anderen zu vergleichen und ihnen überlegen sein zu wollen: Aufgrund von knappen Ressourcen und aus Angst vor Mangel habe das ständige Vergleichen früher Überlebenschancen garantiert. Heute aber seien die Voraussetzungen gänzlich anders als in grauer Vorzeit, das Vergleichen habe sich erübrigt. Leidenschaftlich plädiert er dafür, mutig die eigene Geisteshaltung umzukrempeln und das Leben durch weniger Vergleichen mehr zu genießen.

Das sollten wir denen sagen, die uns ungebeten immer wieder zum Vergleichen nötigen. Der Auftritt der Tochter war so großartig, die Zensuren waren so toll, das Benehmen so tadellos, dass man als Zuhörender mit den Ohren schlackert und unweigerlich vergleicht: Ist das eigene Kind nicht doch ein wenig durchschnittlich, hat es nicht doch zu schlechte Noten, tritt es nicht manchmal mit beiden Beinen ins Fettnäpfchen?

Dagegen dieses Kurz-Rezept: Halten Sie sich fern von Menschen, deren Nähe Sie erfahrungsgemäß einen Rückfall ins Vergleichen verdanken! Halten Sie sich vor allem fern von Menschen, in deren Nähe Sie sich im Vergleichen kläglich fühlen! Und wenn das nicht möglich ist: Bleiben Sie ganz bei sich (und denken Sie: Der hat es nötig.)!

Dabei leuchtet Raghunathans These ein. Wir können wirklich mehr Spaß haben, gelassener sein, zufriedener leben und nicht zuletzt bessere Eltern sein, wenn wir aufs Vergleichen verzichten. Aber wie immer, wenn die Menschen sich von Verhaltensweisen, die sie seit Jahrtausenden gewohnt sind, abwenden sollen, ist dies eine große Herausforderung. Die eigene Geisteshaltung umkrempeln – das fällt schwer.

Wer sich da besonders schwertut, wer also besonders gerne vergleicht und bemängelt, beleuchtet das nächste Kapitel.

2
Mäkler und Schwächen-Finder

Ich würde gerne wissen, ob es überhaupt Eltern gibt, die niemals mit der – ausgesprochenen oder unausgesprochenen – Aussage konfrontiert worden sind, ihr Kind sei *zu* ...
 Verwandte, Freunde, Bekannte, erfahrenere Eltern, andere Eltern, Nachbarn, aber auch Zufallsbegegnungen – sie alle und noch viele mehr bringen gerne zum Ausdruck, dass ihrer Meinung nach das Kind nicht ganz so ist, wie es sein sollte. Später dann kommt derartige Kunde vor allem aus Kindergarten und Schule. Manche solcher Beanstandungen sind spürbar gut und hilfreich gemeint, viele werden mit unverhohlener Missbilligung bis Gereiztheit vorgetragen. Für die Eltern fühlt es sich in der Regel einfach nur schlecht an, wenn man sie wissen lässt, dass man ihr Kind für *zu* ... hält.
 Nun möchte ich nicht behaupten, jeder kritische Kommentar von außen, der sich auf das eigene Kind bezieht, sei zwangsläufig falsch, überflüssig oder übergriffig. Von außen werden manche Dinge viel klarer gesehen als von denen, die bis zum Hals im Beziehungsgeschehen stecken, die also befangen sind und den Wald vor lauter Bäumen nicht sehen. Aber es ist eben auch sehr schwer, solche »Bemängelungen« als Unterstützung anzunehmen. Für mich zum Beispiel war es keine Hilfe, als mich der Zahnarzt wissen ließ, eines meiner Kinder sei für einen Jungen *zu* ängstlich und *zu* wehleidig, das andere sei super. Von

mir wurde die gesamte Bemerkung als abfällig empfunden, sie hat mir nicht nur nicht geholfen, sie hat mir einen Stich versetzt. Denn ich wusste doch selbst, dass das unkompliziertere Kind es leichter hat, aber eben auch, dass das andere Kind im Moment eben *so* und nicht *zu* ... war.

Leider hört das Mäkeln nicht auf, wenn die Schule zu Ende ist. Auch im Beruf, in der Freizeit, vor allem aber in der Partnerschaft schleichen sich gerne Bemängelungen à la *zu* ... ein. Mit dem Unterschied, dass sie dann – wenn es gut geht – nicht mehr so hart treffen.

Verwandte, Freunde und Bekannte

Leider fehlen sie fast nirgends: Familienmitglieder, Verwandte, Freunde und Bekannte, die ihren besserwissenden, bemängelnden Kommentar zum Kind abgeben. Ohne Aufforderung unterziehen sie Enkel, Neffen, Nichten, Cousins, Cousinen, Freundes- und Bekanntenkinder ihrem kritischen Blick – und kommentieren.

Eine junge Kollegin erzählt, dass selbst ihre geliebte Oma sie immer wissen ließ, sie verhalte sich nicht ihrem Alter angemessen. Sie sei für viele damals *zu* vernünftig gewesen und habe sich *zu* reif benommen. »Ich hatte sehr wohl Freundinnen und Freunde«, berichtet sie, »aber wenn die am Abend ausgingen und ewig lange rumhingen und Alkohol tranken, blieb ich lieber zu Hause. Das gefiel mir einfach besser. Sehr früh hatte ich auch schon einen festen Freund, mit dem ich immer noch zusammen bin und den ich heiraten werde. Ich finde heute, ich habe überhaupt nichts versäumt.« Noch immer hält sich die junge Frau im Vergleich zu Gleichaltrigen für sehr vernünftig. Sie sagt, sie habe konsequent für ihr Studium gelernt und arbeite nun hart im Beruf. »Aber das ist doch kein Manko!«, stellt sie fast empört fest.

Auch im folgenden Beispiel geht es interessanterweise um negative Bewertungen eines Verhaltens, das man gemeinhin als positiv bewerten würde. Aber wenn sich im Verwandtschaftskreis alle einig sind …

Ich dachte, Erwachsene meinen es gut mit mir. Ich dachte, ich lerne von ihnen, ich dachte, vor allem meine Familie und meine nächsten Verwandten, das sind die Personen, denen ich grenzenlos vertrauen kann.

Als Kind war ich erfolgreich. Schnell. Klug. Neugierig. Fühlte mich getragen von meinen Stärken, von meiner unbändigen Fröhlichkeit und meinem offenen, neugierigen Wesen. Aber: Ich kannte die Gesetze der Erwachsenen nicht. Ich hörte meine Onkel sagen: »Du Streber!«, »Dein Hosenanzug sieht aus wie ein Kasperle-Kostüm«, »Bist du in den Farbkasten gefallen?«, »Deine Bissen sind *zu* groß – eine Dame is(s)t anders!«, »Das Besteck liegt nicht auf 16 Uhr«, »Och, schon wieder eine Eins – wie langweilig!«

In manchen Momenten dachte ich, ich könne rein gar nichts recht machen. Egal, wie sehr ich mich bemühte – oder vielleicht gerade deswegen –, war doch immer irgendwas, was ihnen nicht passte und missfiel. Ich fühlte mich falsch und mein gesundes Selbstbewusstsein bröckelte. Wie habe ich mich angestrengt, in der Schule schlechte Noten zu schreiben – nur um das Wort »Streber« nicht mehr hören zu müssen! Auf die Idee, dass meine Verwandten nur ihre eigenen Kinder in den Vordergrund rücken wollten und ich ihnen schlichtweg deswegen *zu* erfolgreich war, kam ich gar nicht – schließlich sah ich nur das Gute und Ehrliche in jedem Menschen.

Um es vorwegzunehmen: Meine Ziele, die ich mir setzte, habe ich in späteren Jahren allesamt erreicht.

Allerdings wäre der hohe Preis – mein Selbstbewusstsein so zu demolieren – sicher nicht nötig gewesen, hätte ich mich in meinem Wesen unterstützt und nicht bemängelt gefühlt. Statt Leichtigkeit und Freude bestimmte das implizierte Mangeldenken mein Unterbewusstsein.

Regine Wolf, 49, Dipl.-Oec. (Wirtschaftswissenschaften)

Zufallsbegegnungen

Auch weit weg von Verwandten, Bekannten und Freunden sind Eltern und Kinder nicht sicher vor wertenden Kommentaren. In öffentlichen Verkehrsmitteln, beim Kinderarzt, im Supermarkt, im Restaurant – überall treffen Menschen mit Kindern auf andere, die sich bemüßigt fühlen, das Verhalten von Kindern, die nicht ihre eigenen sind, zu taxieren.

»Die ist aber sehr schüchtern!« So ausgesprochen, dass man das *Zu* schon greifen kann.

»Der ist aber lebhaft!« Könnte auch *zu* lebhaft heißen.

»Ihr Sohn hängt aber sehr an seiner Mutter!« Der Unterton macht ein »*Zu sehr*« draus.

Eltern können dann denken: Was weißt du schon von meinem Kind?, Was geht dich mein Kind an?, Ich weiß selbst, dass mein Kind schüchtern ist – und es macht mir überhaupt nichts aus.

Manchmal aber erwischt der wertende Kommentar Vater oder Mutter kalt. Wenn sie selbst gerade am Zweifeln sind, wenn sie sich in ihrer Erzieherrolle gerade unsicher sind, wenn sie einfach überhaupt gerade schlecht drauf sind – dann bohrt die Bemängelung in die Wunde: Vielleicht ist das eigene Kind ja tatsächlich *zu* wehleidig. Vielleicht ist es *zu* unruhig. Vielleicht hat man *zu* schlecht erzogen.

Kita und Kindergarten

In Kita und Kindergarten ist das Kind auf einmal mit einer Vielzahl gleichaltriger Wesen zusammen. Wenn die Eltern dann zu hören bekommen, das Kind sei *zu* …, hat dies wesentlich mehr Schlagkraft, als wenn die Bemängelung aus dem Munde von Onkel oder Nachbarin kommt – aus zwei Gründen:

1. Die Erwachsenen, mit denen das Kind zusammentrifft, sind Erziehungsprofis.
2. Das Vergleichen in einer festen Gruppe beginnt.

Und schon mischt sich in das Unbehagen Sorge: Was, wenn die Fachleute recht haben? Was, wenn das eigene Kind wirklich motorisch *zu* ungeschickt ist? Was, wenn es im Vergleich zu allen anderen *zu* unselbstständig ist?

Zu Beginn meiner Schulzeit bin ich als *zu* ruhig und leicht ablenkbar definiert worden. Ich war eher schüchtern und das hat sich eine Zeit lang hingezogen. Außerdem hatte ich eine Schwäche in Rechtschreibung und war in einem Förderkurs für Deutsch. Dadurch ist einem Kind auch in der 1. Klasse schon klar, dass es nicht so gut ist wie die anderen. Mich hat das natürlich verunsichert. Noch lange habe ich mich als nicht gut genug gefühlt. Das kommt auch heute immer mal wieder durch.

Bis ich die Schwächen nutzbar machen konnte, hat es lange gedauert. Der Besuch eines Vertreters des Arbeitsamtes in der Realschule hat mich angespornt. Danach habe ich Ehrgeiz entwickelt und wurde zum fleißigen Lerner. Heute weiß ich sehr gut, wie ich mir Wissen aneignen kann. Ich bin dadurch, denke ich, sehr strukturiert und fokussiert geworden.

> Was mich heute als zweifache Mutter bewegt: Bereits in Kinderkrippe und Kindergarten herrscht eine regelrechte Frühförderungskultur. Ich finde den Umgang damit schwierig, denn man möchte sein Kind nicht schon früh stigmatisieren. Die Kinder haben ja eine gewisse Persönlichkeit und ich frage mich, wo hört Persönlichkeit auf und wo fängt ein »Problem« an. Aus vielen Eigenarten wachsen Kinder ja auch heraus. Andererseits kann spielerische Unterstützung nicht verkehrt sein. Und natürlich sollte man rechtzeitig »eingreifen«, wenn es nötig ist.
>
> *Dr. Larissa Drescher, 38, Ökotrophologin*

Dieses Beispiel zeigt:

1. Bewertung wird leicht als schmerz- und dauerhafte Stigmatisierung empfunden.
2. Schwächen können nutzbar gemacht werden.
3. Die Frühforderungsbemühungen in Kita und Kindergarten können sich abwertend anfühlen.

Institution Schule

Jeder, der noch einen Hauch von Erinnerung an seine eigene Schulzeit hat, kennt sie. Jeder, der ein Kind in der Schule hat, kennt sie noch viel besser, und wer gleich mehrere Kinder durch eine lange Schulzeit begleiten darf, kennt sie am allerbesten – durch immer wiederkehrende Elternsprechstunden und -tage, durch Zeugnisbemerkungen: die Dinge, die die Schule an ihren Schülern bemängelt.

Das eine Kind ist *zu* ängstlich, das andere *zu* sensibel, das nächste *zu* albern. Dieses ist *zu* verträumt, jenes *zu* undiszipliniert. Hier ist einer *zu* ruhig und ein anderer *zu* frech. Dort ist einer *zu* faul und eine *zu* dumm. Oft ist eine *zu* schüchtern, manchmal auch *zu* nachdenklich. In dieser Ecke sitzt ein *zu* lebhafter, *zu* verschwätzter Schüler. Neben ihm ist eine *zu* schnell, *zu* flüchtig, *zu* oberflächlich. Dieser hier braucht für alles immer *zu* lange, und jener ist einfach *zu* unkonzentriert. Der da wäre ganz nett, wenn er nicht *zu* eigensinnig wäre. Sein Nachbar ist gar *zu* aufmüpfig. Und der fröhliche Kerl hier ist mit *zu* wenig Ernst bei der Sache …

Ja, die Schule ist der klassische Ort für Bemängelungen, da sie sich außer den Gedanken des Bildens, Lehrens, Erziehens und Helfens auch den des Beurteilens auf die Fahnen geschrieben hat. Es müssen nun mal Noten gegeben werden. Es müssen nun mal Verhaltensweisen »gewürdigt« werden. Es müssen nun mal Zeugnisse geschrieben oder Lernentwicklungsgespräche geführt werden. Bei alledem schwingt das Vergleichen mit. Hansi ist eben nicht nur unruhig, auch *zu* lebhaft genannt, sondern er ist es auch im Vergleich zu Murat oder dem Rest der Klasse. Caterina ist eben nicht nur nicht besonders schnell, sondern sie ist im Vergleich zu allen anderen die Langsamste. Sascha wirkt in der einen Klasse ziemlich aufmüpfig, nach dem Schulwechsel ist er plötzlich wie die anderen. Hier gilt in der gesamten Klasse: »Wir lassen uns nichts gefallen!«.

> Ich war ein zartes und wachsames Kind. Mit frühem Schuleintritt – ich war noch nicht ganz sechs Jahre alt – wurde mir von der Lehrerin gesagt, ich solle mich doch zurücknehmen und nicht forsch meinen, alles zu können. Also nahm ich mich zurück. Ich habe angefangen, aus dem Fenster zu schauen. Mich häufig nach draußen zu träumen. »Sie ist *zu* verträumt.« – Damit stand es fest. Oft habe ich mir gewünscht, gefragt zu werden, wo ich bin, wenn ich so aus dem Fenster schaue.

Irgendwann habe ich die Schule gewechselt. Neue Lehrkräfte. Ich, ein unbeschriebenes Blatt. Mir wurde etwas zugetraut. Ich habe dann ein passables Abitur gemacht. Nein, richtiger ist: Ich habe ein wirklich gutes Abitur gemacht. An dieser Stelle wird mir meine innere Zerrissenheit deutlich, immer noch das Gefühl zu haben, dem Anspruch nicht zu genügen oder unterdurchschnittliche Leistungen zu bringen. Eine Diskrepanz zwischen Innenwelt und äußerer Realität.

Um damals »gewappnet« zu sein und die Stimmung des Lehrers oder der Lehrerin gut wahrnehmen und einschätzen zu können, habe ich mir eine Art seismografische Stimmungswahrnehmung zugelegt. Heute hilft sie mir in meinem Beruf.

Da ich keine gute Schulerfahrung gemacht habe, war und ist meine große Herausforderung, diese Erfahrungen nicht auf meine Söhne zu übertragen. Unserem jüngeren Sohn – 16 Jahre, 11. Klasse, Gymnasium – wird häufig attestiert, er sei einfach *zu* langsam. Ob in Kunst, Mathematik oder Deutsch. Als wäre die Leistung eine weitaus größere, je schneller die Aufgabe erledigt wird. In Kunst! Kann es nicht auch heißen: »Er ist gründlich und bedacht«?! Denn genau so löst er seine Aufgaben. Die Begründung auf Nachfrage lautet: »Später müssen sie auch unter Zeitdruck arbeiten.« Vielleicht! Später! Die Später-Argumente sind uns schon zu Kindergartenzeiten begegnet!

Es geht auch anders:

Unser älterer Sohn war schon als Kleinkind ein stiller Beobachter. Er saß zufrieden bei uns. Schaute zu. Er sog Worte, Bilder, Erfahrungen in sich auf. Er verarbeitete still.

In der Grundschule hieß es: »Er ist ein guter Schüler, aber *zu* still.« Mündliche Noten waren die größten Hürden und frustrierten. Das änderte sich auch nicht auf dem Gymnasium. Im Fach Deutsch wurde ihm attestiert, Deutsch sei wohl nicht seine Stärke – bei gleichzeitigem Erstaunen über seinen großen Wortschatz in den Klausuren. Er war *zu* still. Wieder das Mündliche!

Er hatte sich schon damit abgefunden. Dann, zum Halbjahreszeugnis der 9. Klasse, stand dort eine Zwei im Fach Deutsch im Zeugnis. Der neue (!) Lehrer hatte genauer hingeguckt. Nahm unseren Sohn als wachsamen, sich zurücknehmenden Schüler wahr. Er traf mit ihm gemeinsam die Vereinbarung, ihn ab und zu zu einem Thema etwas zu fragen, auch wenn er sich nicht meldete. »Er hat fast immer kluge, differenzierte Beiträge geliefert«, so der Lehrer. Eine schlechte mündliche Bewertung sei wie eine Bestrafung – wozu also?!

Für die Motivation des Jungen und sein Selbstbild, sein Vertrauen in sein Können hat dieser Umgang viel bedeutet. Heute ist er 22 und Student der Sozialökonomie.

Christa Lehmann, 50, Diplom-Pädagogin und Trauma-Psychotherapeutin

Bemerkenswert der Vorwurf, der im folgenden Bericht direkt an die Lehrkräfte geht:

Von klein auf galt ich als *zu* ruhig. Später stellte sich heraus, dass ich aus gutem Grunde so ruhig war: Ich hörte nämlich schlecht. Als das bemerkt wurde, war ich aber schon so daran gewöhnt, ein ruhiges Kind zu sein, dass ich dabei blieb. Bis heute bekomme ich über mich zu hören: »Das ist ein ganz Ruhiger!« Früher habe ich schon manchmal gedacht: Bin ich verkehrt, so wie ich bin?

In der Schule kam dann die nächste Bemängelung dazu: Ich war nicht nur *zu* ruhig, sondern auch *zu* faul! Ein Lehrer sagte mal zu meinem Vater: »Wenn das mein Kind wäre, würde ich es eine Woche auf den Bau schicken!« Ich fand das ungeheuerlich, denn ich fand mich gar nicht faul. Ich saß ganze Nachmittage in meinem Zimmer über meinen Schulsachen, aber ich konnte einfach nicht lernen. Das hatte nichts mit Faulheit zu tun, sondern damit, dass mir andere Sachen durch den Kopf gingen und dadurch Lernen einfach nicht möglich war. Die Lehrerbemängelungen machten mich immer nur unsicherer, sie waren kein bisschen motivierend. Was mich heute sehr bewegt: dass viele Lehrkräfte das Problem nicht sehen, dass ihnen nicht bewusst ist, was sie mit ihren Bemängelungen anrichten.

Inzwischen sehe ich das ehemals Bemängelte als Ressource an: Das Ruhige tut mir gegenüber den Menschen gut, die selber gar nicht ruhig sind. Zuhören fällt mir dadurch auch sehr leicht. Und durch das angeblich *zu* Faule habe ich großes Verständnis für die, die jetzt eben nicht anders können – so wie ich damals nicht anders konnte.

Gert Hoffmann, 49, Diplom-Pädagoge

Leider kann ich niemandem die Garantie geben, dass alle Lehrkräfte in Zukunft hier bewusster und sensibler agieren werden. Es gibt Lehrkräfte, die von Haus aus zum Abwerten neigen, und es gibt Lehrkräfte, denen im Eifer des Gefechts Bemängelungen über die Lippen rutschen. Deshalb meine Empfehlung: Wenn Sie das Gefühl haben, Ihr Kind leide unter den negativen Stempeln, die die Schule ihm verpasst, wenden Sie sich an die Lehrkraft. Verzichten Sie aber auf bittere Vorwürfe, auch wenn Ihnen danach ist. Denken Sie daran, was Sie erreichen wollen, handeln Sie zielorientiert! Teilen Sie also der Lehrkraft so sachlich wie möglich mit, wie sich die Sache aus Ihrer Sicht verhält, senden Sie Ich-Botschaften. Vielleicht lässt sich alles schnell beheben.

So wie es mir einmal erging: Der Lehrer meines Sohnes setzte diesen beim Vokabel-Abfragen immer wieder unter starken Zeitdruck, was bewirkte, dass das Kind immer nervöser und unglücklicher wirkte. Seine Klassenkameraden bestätigten mir das Vorgehen des Lehrers. Obwohl ich es bis dato tunlichst vermieden hatte, bei Lehrern wie eine Rachegöttin aufzutreten, um für eines meiner Engelchen zu kämpfen – ich bin bis heute der Meinung, dass all unsere »Engelchen« nach Möglichkeit für sich selbst kämpfen sollten –, beschloss ich, nicht länger zuzusehen. Ganz offensichtlich war mein Kind in diesem Fall nicht in der Lage, die Sache selbst zu lösen. Ich ließ mir also einen Termin bei dem Lehrer geben, schrieb zu Hause eine Liste mit Argumenten gegen das Unter-Druck-Setzen, steckte sie in die Manteltasche und trat an. Für das erste Argument brauchte ich noch keine Liste, ich konnte es auswendig. Sofort unterbrach mich der Mann. »Sie haben völlig recht«, sagte er freundlich und ein wenig schuldbewusst, »das ist eine große Schwäche von mir. Ich bin *zu* ungeduldig. Ich werde versuchen, mich zu bessern.« Mir blieb der Mund offen stehen. Was soll ich sagen: Das Verhältnis der beiden änderte sich schlagartig zum Guten, der Sohn wirkte wieder entspannt, die Noten wurden gut.

Ich gebe zu, dass dies ein nicht alltägliches Beispiel ist. Dennoch kann ich Sie nur ermuntern, nicht klein beizugeben, und empfehle Ihnen für Ihre ganz persönliche Argumente-Liste Kapitel 6.

Hier noch der offene Bericht einer Frau, die in ihrer eigenen Schulzeit von der Schule heftig bemängelt wurde und nun selbst in der Schule steht:

Ich war als Kind das, was man *viel zu* ruhig nannte. In meiner gesamten Grundschulzeit habe ich vielleicht zweimal den Mund aufgemacht. Meine Lehrerin ließ meine Mutter – selbst Lehrerin an der Grundschule, die ich besuchte – immer wieder wissen, ich sei ... *viel zu* ruhig eben. Meine Mutter gab das an mich weiter und wurde nicht müde, mir zu versichern, wenn ich schon Lehrerin werden wolle, reiche es bei mir allenfalls für die Grundschule. Bei älteren Jugendlichen könne sich eine so ruhige Person wie ich niemals durchsetzen. Geholfen hat mir dies nicht. Unterstützend wirkte eher mein Vater, Leiter einer Förderschule, der Zuversicht verströmte und mir versicherte: »Das wird schon!« Und es wurde auch. Je älter ich wurde, umso besser fühlte ich mich in meinem Freundeskreis, in der Peergroup also. Ich spürte, dass man mich respektierte und wertschätzte, ich stellte fest, dass man mir zuhörte.

Heute gelte ich als eloquent und unterrichte Halbwüchsige im Alter von 14 bis 18 Jahren an einer Großstadt-Brennpunktschule. Ich habe mittlerweile gelernt, meinen Mund aufzumachen und die Sorgen und Probleme meiner Schüler zu thematisieren. Meinen Beruf übe ich sehr gerne aus. Probleme mit Schülern gibt es immer, aber es gelingt mir – aus meiner Jugend heraus und in intensivem Austausch mit Kollegen –, diese Probleme in positive Bahnen zu kanalisieren.

Vielleicht habe ich ein bisschen mehr Verständnis für die sehr ruhigen Schüler als andere.

Susanne Schuler, 51, Hauptschullehrerin

Wir Eltern selbst

»Das Kind ist nicht auf die Welt gekommen, um die Erwartungen seiner Eltern zu erfüllen«, sagt Remo Largo, der bekannte Schweizer Kinderarzt und Autor zahlreicher Bücher. Wenn wir aber ehrlich sind, setzen Eltern gerne auf all die Bemängelungen von außen noch einen obendrauf und sind findig genug, an ihren Kindern weitere Schwächen zu entdecken: Das Kind ist *zu* kompliziert, es trödelt *zu* viel. Es ist *zu* konfliktfreudig und *zu* orientierungslos, was seine Zukunft betrifft. Es schläft *zu* wenig und verhält sich *zu* wagemutig und experimentierfreudig. Sie können die Reihe gerne fortsetzen, liebe Leserinnen und Leser ...

Ja, in der Regel sind wir Eltern einerseits vernarrt in unser Kind und sehen es eher unkritisch. Andererseits ergeben sich doch immer wieder Reibungspunkte, die uns an unsere Grenzen und somit in kritische Distanz zum eigenen Nachwuchs bringen.

Ganz besonders intensiv tritt ein Gefühl der Enttäuschung bei Eltern auf, deren Kinder sich vom Rest der Familie stark unterscheiden. Dies belegt der amerikanische Autor Andrew Solomon in seinem Buch *Weit vom Stamm*.[14] Der Dozent für Psychiatrie warnt Eltern davor, ihrem Kind das Gefühl zu vermitteln, Teile seiner Persönlichkeit seien für sie als Eltern belastend oder enttäuschend. Stattdessen empfiehlt er, das Kind vom Wert dieses Charakteristikums zu überzeugen. Solomon betont, niemand bringe eine perfekte Kopie von sich selbst hervor. Es sei also völlig normal, dass Eltern ihr eigenes Kind manchmal als fremd empfinden oder seine Handlungen befremdend erleben.

Es muss aber gar nicht so weit kommen, dass Kinder sich extrem vom Rest der Familie unterscheiden. Es reicht schon, wenn das Kind – vielleicht auch nur in einem Charakteristikum – einfach nicht so ist, wie ein Elternteil es gerne hätte. Der vom »weichen« Sohn enttäuschte Vater ist da fast schon ein Klassiker. Michael Friedrichs beschreibt in seiner Geschichte »Kurt oder Feigheit und Pazifismus«,[15] wie ein Vater von seinem Sohn enttäuscht ist, weil dieser *zu* friedfertig ist, sich im Sandkasten die Förmchen wegnehmen lässt und Konflikten aus dem Weg geht. Dem siebenjährigen Sohn verspricht er Geld, wenn dieser einmal zurückschlüge. Der Junge tut dies, erhält seine Prämie, aber sein weiteres Sozialverhalten verändert er nicht. Er ist nun mal friedfertig.

Leider kann sich die Unzufriedenheit der Eltern zur Dauermelodie im Zusammenleben entwickeln oder zumindest den Stellenwert eines Grundrauschens einnehmen. Der draufgängerische Vater kann nicht fassen, dass sein Sohn sportlich eine Null ist. Die extravertierte Mutter versteht nicht, warum ihr Kind so in sich gekehrt ist. Die Eltern hätten gerne ein Kind, mit dem sie glänzen können. Das Kind aber legt weder Wert darauf, im Theaterstück die Hauptrolle, noch im Orchester die erste Geige, noch in der Klasse die Rolle des Primus zu spielen.

Vielleicht fällt es uns leichter, diese Dauermelodie zu unterbrechen, wenn wir uns bewusst machen, was Bemängelung bei Eltern und Kindern anrichten kann.

3
Was Bemängelung anrichten kann

Wie sich Bemängelung auf Eltern auswirkt

In seinem Buch *Schulkummer*[16] beschreibt Daniel Pennac so komisch wie berührend die Macht der frühen Bewertung. Nur mit viel Mühe hat er die Schule abgeschlossen. Für seine Familie war er »der schlechte Schüler« – und damit ein Kummerfall. Später aber brachte er es zum erfolgreichen Lehrer und Schriftsteller. Nichtsdestotrotz stellte seine beinahe 100-jährige Mutter dem älteren Bruder, wohlgemerkt nach dem gemeinsamen Betrachten eines Filmporträts über Daniel Pennac, die hoffnungsvolle Frage: »Glaubst du, dass er es eines Tages schafft?«

Bemängelungsstempel haften hartnäckig!

Wenn an Eltern von außen das Gefühl herangetragen wird, an ihrem Kind sei etwas nicht so, wie es sein solle, ist dies zunächst einmal ein kleiner bis mittelschwerer Schock. Dieses wunderbare Geschöpf soll eine Macke haben? Manche Eltern lehnen dies rigoros ab. Nein, ihr eigen Fleisch und Blut, das Produkt ihrer Erziehung – das kann kein Mängelwesen sein. Die meisten aber hinterfragen die Botschaft von außen durchaus und machen sich Sorgen um das Fortkommen ihres Kindes. Vielleicht fragen sie sich: Was haben wir falsch gemacht? Denn so fühlt es sich an: Uns Eltern ist unser Werk »Kind« nicht so gut gelungen, wie wir das erhofft haben. Fragen werden hin und her gewälzt: Müssen wir etwas unternehmen, dass das mit unserem Kind besser wird? Was wird passieren, wenn wir nichts unternehmen? Und womöglich schleicht sich auch noch etwas ein, das das Verhältnis zum eigenen, geliebten Kind belastet: Der Blick wird kritischer, Ermahnungen und Nörgeleien machen sich breit, die Stimmung wird angespannt.

Für dieses Buch habe ich mit zahlreichen Eltern gesprochen, deren Kinder schon erwachsen sind. Ich stellte die immer gleiche Frage: »Galt dein/Ihr Kind in der Schulzeit als *zu* ...?« Jede einzelne Mutter, jeder einzelne Vater konnte mir ad hoc mindestens eine Sache nennen, die am eigenen Kind bemängelt worden war. Meine zweite Frage lautete: »Hat dir/Ihnen diese Bemängelung irgendeinen Vorteil gebracht?« Die Antwort war dasselbe Thema mit Variationen: »Nein, kein bisschen!«, »Nein, es hat mich demotiviert!«, »Nein, es hat mich nur besorgt gemacht!«

Dazu kommt das leidige Vergleichen: Ist der Nachbarsjunge nicht viel lebenstüchtiger als unser *zu* empfindsames Kind? Wird die Tochter der Bekannten nicht einen viel besseren Job bekommen als der *zu* faule eigene Nachwuchs? Und warum können die Eltern XY so selbstzufrieden auf ihre Sprösslinge blicken, wo wir doch so in Sorge um das Wohl unseres *zu* unkonzentrierten und hibbeligen Jungen und unserer *zu* aufmüpfigen Tochter sind?

Egal, ob andere Menschen den Eltern das Gefühl geben, ihr Kind sei so, wie es ist, nicht in Ordnung, oder ob die Eltern selbst bemängeln – das Ergebnis ist nicht schön: Bemängelung bewirkt unter anderem Verunsicherung, Sorgen, Angst, schlechte Laune und schlechte Familienstimmung.

Wie sich Bemängelung auf Kinder auswirkt

Wie es in der Seele von Kindern aussieht, die sich bemängelt fühlen, konnte ich mir neulich sehr gut vorstellen. Da fand ich mich nämlich selbst in der Rolle, *zu* ... zu sein:

Bei einigen meiner Freundinnen gelte ich, wie sie mich immer wieder wissen lassen, als eine Frau, mit der man gut lachen kann, die lustig und unterhaltsam ist. Nun hatten sich allerdings einige widrige Lebensumstände zueinandergesellt, sprich: Ich hatte mich öfter mal heftig geärgert, hatte mich mehrmals gekränkt gefühlt, hatte Sorgen und spürte nun, wie mir die Lustigkeit abhandenkam. Ich musste mich selbst immer wieder daran erinnern, dass Lächeln eine echte Alternative zur Verdrossenheit ist, mir fielen keine humorvollen Entgegnungen mehr ein, wenn mir einer »blöd« kam, ich empfand mich selbst als Zumutung für meine Umgebung. Und plötzlich überfielen sie mich, die *Zu-...*-Gedanken: War ich nicht einfach *zu* sensibel für diese Welt? Wäre eine andere Person nicht viel besser, viel lockerer, viel souveräner mit den Widrigkeiten umgegangen? War ich gar meinen Kindern gegenüber auch schon immer *zu* empfindlich gewesen? Hatten die es nicht schlichtweg mies erwischt mit einer Mutter, die alles viel *zu* schwer nahm? Und würde ich bei dem bevorstehenden Freundinnen-Wochenende nicht auf einmal als *zu* ernst empfunden werden? Würde meine langjährige Freundin, die sich selbst immer als *zu* langweilig im Vergleich mit mir bezeichnet hatte, nicht schrecklich enttäuscht davon sein, dass ich diesmal *zu* nachdenklich war?

Obwohl ich zu diesem Zeitpunkt bereits am vorliegenden Buch schrieb und ständig kritisch über das verhängnisvolle *Zu* reflektierte, spürte ich die Macht der Bemängelung. Ich fühlte mich kläglich, ich hatte das Gefühl, den vermeintlichen Ansprüchen nicht zu genügen. Und war mehr denn je beseelt vom Gedanken, meinen Mitmenschen Denkanstöße zu geben, wenn ich selbst gerade schon in der Bemängelungsfalle saß.

Dass ich irgendwann wieder so war, wie ich und wie man mich kannte, lag ganz bestimmt nicht daran, dass man mir meine Mängel unter die Nase rieb, sondern dass ich das Glück hatte, von meinen Mitmenschen gestützt und nicht zusätzlich abgewertet zu werden.

Immer auf dem Prüfstand – ein Gedankenexperiment

Ich empfehle an dieser Stelle ein kleines, reizvolles Gedankenexperiment für uns Erwachsene: Stellen wir uns einfach mal vor, man ginge mit uns um wie mit unseren noch nicht erwachsenen Kindern – wir stünden also den ganzen Tag auf dem Prüfstand:

Zu spät aufgestanden und in Hetze geraten? Vielleicht sogar eine Minute *zu* spät zur Arbeit gekommen? Hier ist wohl jemand *zu* undiszipliniert, vielleicht auch *zu* unstrukturiert oder einfach *zu* unpünktlich!

Am Morgen dem Partner eine nicht so nette Antwort gegeben? *Zu* respektlos!

Während der Arbeit ein Schwätzchen gehalten? *Zu* kommunikativ!

Während der Arbeit an das letzte Wochenende oder den nächsten Urlaub gedacht? *Zu* verträumt!

Beim Betreten der Bäckerei das Grüßen vergessen? *Zu* unhöflich!

Mit hängenden Schultern durch den Tag geschlichen? *Zu* wenig Körperspannung!

Der Freundin schon wieder eine Verabredung abgesagt? *Zu* unzuverlässig!

Während der Erzählungen des Partners geistig abgedriftet? *Zu* unkonzentriert!

Gleich nach dem Abendessen vor dem Fernseher niedergesunken? *Zu* bequem!

Trotz Müdigkeit nicht ins Bett gegangen? *Zu* undiszipliniert! *Zu* unausgeschlafen!

Die Reihe ließe sich beliebig fortsetzen ...

Haben Sie es beim Lesen gespürt? Wie es sich anfühlt, wenn alle eigenen Handlungsweisen von außen kritisch beäugt und bewertet werden? Stellen Sie sich vor, Sie müssten jetzt auch noch damit rechnen, dass diese abwertenden Urteile vorwurfsvoll an einen Ihnen nahestehenden Menschen herangetragen werden, an Ihren Partner, Ihre Freundin ... Und der oder die würde dann den Vorwurf an Sie weiterreichen: »Ich habe gehört, du bist *zu* unzuverlässig!«, »Du bist einfach *zu* bequem, sagt dein Chef!«, »Du stehst *zu* krumm, hat mir deine Fitnesstrainerin mitgeteilt!«.

Spüren Sie, welche Gefühle nun zusätzlich entstehen? Fühlt es sich bei Ihnen auch an wie eine Mischung aus Scham, Trotz und Wut? Bewirkt die gefühlte Abwertung irgendetwas Gutes in Ihnen?

Es ist unsere Aufgabe als Erziehende, unseren Kindern auf den rechten Weg zu helfen. Aber ob der durch Dauerbeanstandungen gefunden wird? Noch einmal: Welche Gefühle wurden durch das Gedankenexperiment in Ihnen ausgelöst? Selbst wenn wir davon ausgehen, dass Kinder und Jugendliche mehr als Erwachsene Rückmeldungen auf ihr Verhalten brauchen, um zu erfahren, wie sie von anderen wahrgenommen werden, und um ihr eigenes Verhalten zu überprüfen beziehungsweise zu verändern, ist der Wert von Negativ-Rückmeldungen zweifelhaft. Noch dazu, wenn sie nicht wegweisend, sondern abwertend wirken.

Vielleicht sollten wir uns alle einmal fragen: In welcher Hinsicht war ich selbst früher *zu* ...? Habe ich mitbekommen, dass eines meiner Geschwister, meiner Verwandten, meiner Freunde als *zu* ... galt? Und vor allem: Haben die Bemängelungen etwas gebracht? Bin ich selbstbewusster geworden, weil man mich als *zu* schüchtern bezeichnete? Ist mein Cousin fleißiger geworden, weil man ihn zum größten Faulpelz der Großfamilie kürte? Hat sich meine beste Freundin ihre Wutausbrüche deshalb abgewöhnt, weil man ihr immer und immer wieder unter die Nase rieb, sie verhalte sich manchmal *zu* aufbrausend?

Mögliche Folgen in Kindheit und Jugend

Der Religionsphilosoph Eugen Biser hat einmal gesagt, jeder Mensch werde in seiner Entwicklung gehemmt von der Angst, nicht als derjenige angenommen zu werden, der er sei. Wer von uns will schon, dass dies den eigenen Kindern widerfährt?!

Welch wichtige Rolle den Eltern zukommt, wenn Kinder sich »anders« oder »falsch« fühlen, zeigt das folgende Beispiel:

> Ich war die mit der Brille. Niemand sonst hatte eine Brille. Fast niemand. Ich war vier. Als ich mich zum ersten Mal im Spiegel sah, hab ich zu meiner Mami geseufzt: »Hast du schon mal eine Prinzessin mit Brille gesehen?« Aus war's mit der Prinzessinnenkarriere. Ich war die mit dem Pferdegebiss. Und mit der Zahnspange. Ein außen zu tragendes Monster. So kam ich in die Realschule. Ich war die, die nicht rechnen konnte. Dyskalkulie hieß das. Legasthenie mit Zahlen. Ich war die, die keine Jungs zum Schmusen fand – im Gegensatz zu allen anderen damals im Schullandheim. Klar. Brille. Und – zu allem Überfluss – ein abgebrochener Zahn.
>
> Aber ich war der Klassenclown. Ich konnte alle Emil-Sketche auswendig. Mit dem richtigen Zungenschlag. Kunststück – meine Mutter ist Schweizerin.
>
> Und ich war die mit der Sehnsucht. Es musste doch mehr geben. Anderes. Menschen, die mich verstehen, zu denen ich gehöre, die mich lieben. Ich war die mit den tiefen Gedanken. Neulich noch hatte ich ein paar Gedichte in der Hand, die ich mit 16 geschrieben habe. Ich war die mit dem sensiblen Empfinden. Prinzessin auf der Erbse, sagten sie manchmal. Also doch Prinzessin, irgendwie. Ich sah, was andere nicht sahen, hörte, was andere nicht hörten, spürte, was andere nicht spürten.

Ich war die mit dem sicheren Stilempfinden. Wenn schon Brille und Pferdegebiss, musste wenigstens alles andere stimmen. Vor meinem Geschmack mussten selbst versierte Verkäuferinnen die Waffen strecken.

Meine Eltern hatten mich lieb. Ich war ihre einzige Tochter neben drei Söhnen. Sie haben die Talente hinter meinen Defiziten gesehen und gefördert. Malen. Entertainen. Singen. Stilempfinden. Aber sie konnten das nur mit begrenzten Mitteln. Papa war ein freikirchlicher Pastor mit einem schmalen Gehalt. Deshalb war ich meist ein bisschen schlechter und schlichter angezogen als die anderen. Was eine mit einem solch ausgeprägten Geschmack besonders nerven musste.

Die Defizite sind heute überwunden. Weitestgehend. Die Talente sind geblieben. Vielleicht hätten sie sich ja ohne die Defizite nie so entwickeln können. Ich habe Modedesign studiert und einen kreativen Beruf ergriffen.

Rahel Täubert, 44, Make-up Artist und Fotografin

»Der Start im Leben hängt vielfach davon ab«, schreibt Dr. Belinda Mikosz, Psychotherapeutin und ehemalige Leiterin des Psychologischen Dienstes der Stadt Wien, »wie sehr erwünscht oder wenig willkommen ein junger Mensch ist und ob sein Temperament und Verhalten auf wohlwollende Akzeptanz, Unsicherheit, Angst oder Ablehnung stößt. (…) Analysiert man die Biografien von so genannten ›schwierigen Kindern‹, stellt sich oft heraus, dass die Ursache für unerwünschtes Verhalten häufig im Unvermögen der Erwachsenen liegt, zu verstehen, was Kinder damit sagen wollen. (…) Ist das einzelne Ereignis noch relativ unbedeutend, wächst die Belastung mit zunehmenden Missverständnissen und Kränkungen …«[17]

Erziehungsstil und Temperament des Kindes

Eine Studie der University of Washington und University of California aus dem Jahr 2011 hat gezeigt, wie wichtig es ist, dass der Erziehungsstil der Eltern zum Temperament des Kindes passt. Konkret stellte sich dabei heraus: Kinder mit wenig Selbstkontrolle brauchen mehr Kontrolle, mehr Führung. Die »lange Leine« sei für die Kinder angemessen, die sich selbst sehr gut im Griff haben. Wenn aber Letztere stark kontrolliert werden, besteht die Gefahr, dass sie vermehrt an Depressionen und Ängstlichkeit leiden.[18]

»Oh nein!«, mögen Eltern jetzt aufschreien. »Worauf muss ich denn noch alles achten? Reicht es nicht, dass ich mithilfe von Lebenserfahrung, Nachdenken und Fachlektüre zu meinem ureigenen Erziehungsstil gefunden habe? Muss ich jetzt meinen Erziehungsstil auch noch auf jedes meiner Kinder einzeln abstimmen?«

Meiner Meinung nach gilt: Ein bisschen nein, ein bisschen ja!

Nein deshalb, weil ohnehin keiner aus seiner Haut kann. Wer nicht irgendeine Rolle spielt, sondern authentisch ist, bleibt einer gewissen Linie beim Erziehen treu – unabhängig von Persönlichkeit und Temperament des Kindes.

Ja deshalb, weil ein bewusster Blick auf das einzelne Kind es ermöglicht, diesem ganz besonders gerecht zu werden und es somit auch von Bemängelungen zu verschonen, die nichts Gutes bewirken.

Selbst in meinem Freundeskreis, unter Menschen, die alle ähnlich ticken, die nicht auf Unterjochung des eigenen Nachwuchses setzen, sondern auf partnerschaftliche, vernunftbetonte Erziehung, gibt es so viele Abweichungen! Meine eigenen Kinder haben, wenn sie Augen- und Ohrenzeugen von Eltern-Kind-Kommunikation im Freundeskreis wurden, schon zu mir gesagt: »Wie die mit ihren Kindern reden!«, oder: »Das kann ich gar nicht mit anhören, wie die über ihr Kind bestimmt!« Dabei war die große Linie genau die gleiche wie bei uns.

Ich selber habe im Umgang mit drei Kindern lernen dürfen, dass ein und dieselbe Situation und auch ein und dieselbe elterliche Verhaltensweise komplett unterschiedliche kindliche Reaktionen hervorrufen kann. So wie eines der Kinder beim Betreten der Kinderarztpraxis Angst, ein anderes Gelassenheit und ein drittes Freude zeigte, verhielten sie sich bei erzieherischen Grenzsituationen schon in sehr jungem Alter gänzlich verschieden. Die Bitte, auf einem belebten und unübersichtlichen Marktplatz dicht bei Mama zu bleiben, musste bei einem Kind gar nicht erst ausgesprochen werden, wurde vom anderen heiter befolgt und vom dritten nach Möglichkeit ignoriert. Letzteres liebte das Abenteuer eben mehr als den Frieden. Ein scharfes Wort löste bei ihm noch lange keine Betroffenheit aus. Der Drang nach Freiheit und Selbststeuerung brachte es nicht nur einmal in kritische Situationen. Wäre ich mit einem der beiden anderen so umgegangen wie mit ihm, wären sie vermutlich in Tränen ausgebrochen oder hätten mich fassungslos angestarrt.

Dieses persönliche Beispiel vermittelt in meinen Augen ein Gefühl dafür, dass sehr bestimmendes, sehr resolutes Erziehungsverhalten je nach Kind von einschüchternd bis hilfreich erlebt werden kann. Was auf keinen Fall der harten Hand das Wort reden soll. Im Gegenteil: Michaela Schonhöft schreibt, in Tausenden von Studien weltweit habe sich gezeigt, dass Kinder vor allem davon profitieren, »wenn sie ständig ermuntert werden, wenn man ihnen Fehler zugesteht und ihnen vor allem oft und immer wieder erklärt, warum die Dinge im Leben so laufen.« Schonhöft führt eine Studie der amerikanischen Psychologen Ronald Rohner und Abdul Khaleque an, nach der Kinder, die ständig Kritik erfahren, ängstlich, unsicher, eventuell sogar aggressiv werden. Interessant in diesem Zusammenhang aber auch Schonhöfts Bericht über die – je nach Kultur – unterschiedlichen Auswirkungen von Strenge. Eines von vielen Beispielen:

Individualistisch erzogene amerikanische oder mitteleuropäische Kinder reagieren auf stark kontrollierende Eltern abwehrend, asiatische Kinder deuten dies eher als Anteilnahme, als (Für-)Sorge, bewerten dieses Erziehungsverhalten also positiv.[19]

Quintessenz: Es lohnt sich, jedes Kind genau anzusehen und das Erziehungsverhalten möglichst darauf abzustimmen.

Unzufriedenheit und Enttäuschung der Eltern

Selbst wenn Eltern ihre Enttäuschung über kindliche Verhaltensweisen und Charaktereigenschaften nicht offen äußern, spüren die Kinder in der Regel, dass Unzufriedenheit in der Luft liegt. So, wie sie gerade sind, stößt das nicht auf Anerkennung! Meist aber drängt diese Unzufriedenheit früher oder später ohnehin an die Oberfläche: Die Bemängelung wird ausgesprochen. Das Kind weiß nun sicher, dass die Eltern es gerne anders hätten, als es – im Moment zumindest – auftritt.

Nun wissen wir Erwachsenen aus eigener leidvoller Erfahrung, wie es sich anfühlt, wenn andere enttäuscht von uns sind – Kinder und Jugendliche aber trifft es besonders hart. Sie sind besonders verletzlich, sie haben noch kein schützendes »dickes Fell« erworben und sie haben auch noch kein gefestigtes Selbstbewusstsein. Ganz besonders steigert sich dies in der Pubertät, auch wenn gerade Pubertierende nach außen hin oft cool und unerschütterlich tun. Im Inneren aber sind sie besonders empfindlich. Kritik, Zurückweisung, Spott, Missbilligung – alles trifft ins Herz. Vor allem auch deshalb, weil die jungen Menschen in der Phase des Erwachsenwerdens hin- und hergerissen sind zwischen der Bindung an ihre Eltern und der Ablösung vom Elternhaus. Wer in dieser Phase immer wieder hört, er sei einfach *zu* ..., wer sich also als Person abgewertet fühlt, gerät mächtig ins Schleudern, auch wenn das von außen nicht unbedingt so wahrgenommen wird.

Als Kind hörte ich immer wieder:

1. »Du bist *zu* altklug.« (Stimmt.)
2. »Du bist *zu* einseitig interessiert.« (Ich sehe das Problem: Viele Dinge und Menschen waren mir recht egal.)
3. »Du bist *zu* gern allein.« (Nein. Bis heute bin ich froh, wie gut ich mich beschäftigen kann.)

Alles in allem hielten mich meine Eltern zwar für ein »gelungenes« Kind – doch beide haben bis heute übertrieben enge Vorstellungen, wie ein »normaler« Junge, ein »normales« Mädchen zu sein hat. Deshalb war ich für sie kein »gelungener« Junge: Bewegung und Sport sind mir egal, ich bin belesen, eigenbrötlerisch und still, und heute noch sagt meine Mutter: »Kein Wunder, dass du bisexuell wurdest: Du wolltest immer aus dem Rahmen fallen. Um jeden Preis anders sein als andere Kinder.«

Solche übergenauen, konventionellen, viel zu konkreten Maßstäbe – Wie handelt ein »richtiger« Junge?, Was will ein »normaler« Mann? – nehme ich meinen Eltern bis heute übel: Ich glaube, sie haben eine zu enge Vorstellung von Geschlecht, und sie halten Männer und Frauen für zwei grundverschiedene Wesen, mit ganz unterschiedlichen Bedürfnissen und Interessen.

Ich bin gerne Mann. Ich war gerne ein Junge. Ich haderte nie mit meinem Geschlecht. Doch die Grundstimmung in meiner Kindheit war: »Als Mensch, als Kind bist du in Ordnung. Doch Junge-Sein, Männlich-Sein, das kannst du nicht gut. Da fehlt dir vieles, das bei normalen Kindern einfach da ist, ganz natürlich.«

Ich wünschte, meine Eltern wären in dieser Hinsicht weniger enttäuscht von mir, und ich hoffe, dass ich Kindern, die Geschlechterklischees oft nicht erfüllen, zeigen kann: Das ist kein Defizit. Bleib, wie du bist. Es gibt keine »richtige« oder »falsche« Art, männlich oder weiblich zu sein.

Habe ich die Schwächen meiner Kindheit besonders gut überwunden, als Erwachsener? Nein. Doch ich konnte mein Leben, meinen Alltag so einrichten, dass zum Beispiel meine Unsportlichkeit nie stört oder auffällt. So geht es mir mit vielen Schwächen oder Besonderheiten: Ich hasse Kochen. Also koche ich eben nicht. Ich arbeite am liebsten konzentriert für mich allein. Gut, dass ich Freiberufler wurde. Ich bin *zu* lange wach. Das stört bei einem Kind. Heute stört es niemanden mehr.

Und konnte ich eine Stärke, einen Gewinn aus meinen Kindheitsschwächen ziehen? Vielleicht Toleranz: Ich fühlte mich früh anders als die Mehrheit um mich herum und hüte mich deshalb heute davor, zu denken, jedes Kind, jeder Mensch hätte ähnliche Interessen, Bedürfnisse, Ängste. Weil ich selbst oft anders als die anderen war, überrascht mich nicht, falls Leute aus dem Rahmen fallen, eine Kategorie sprengen, ein Vorurteil nicht erfüllen. Ein wenig anders sind. Sich anders fühlen.

Und: Hätte ich mich zugehöriger gefühlt und leichter Freundschaften geschlossen, dann hätte ich vielleicht als Teenager weniger gelesen, geschrieben, Zeit mit Geschichten verbracht. Ich wäre wahrscheinlich trotzdem Autor/Journalist. Aber: weniger geübt.

Stefan Mesch, 34, Literaturkritiker und Autor

Manchmal passiert es auch, dass ein Kind aus der Art schlägt: Vater, Mutter und womöglich Geschwister sind zurückhaltend, aber ein Kind ist laut und extravertiert. Oder: Alle sind leistungsorientiert, einer ist eher bequem. Natürlich wird dann das eine Kind leicht als *zu* extravertiert und das andere als *zu* bequem empfunden.

Besonders hart kann es bei sogenannten schwierigen Kindern und Jugendlichen kommen, die – wie man so schön sagt – kompliziert im Umgang sind. Wenn sie als Rumpelstilzchen oder Wüteriche auftreten, reagieren Eltern oft ungehalten und abweisend. Was die Situation nur verschärft und nicht verbessert.

Mögliche Folgen im Erwachsenenleben

Mir selbst bescheinigte im Alter von elf Jahren ein Lehrer, ich sei zwar sehr gut in Latein, aber als Darstellerin im Anfangslatein-Theaterstück gänzlich ungeeignet. Er sagte mir das fast angewidert in mein hoffnungsfrohes Kindergesicht – ungefähr so, als müsse er einem Elefanten beibringen, er solle gefälligst die Füße vom guten Geschirr lassen. Die Aussage enttäuschte mich sehr, sie tat mir weh. Aber viel wichtiger: Sie bescherte mir bis ins Erwachsenenleben hinein das Gefühl, ich sei als Schauspielerin ein Totalausfall. Nie im Leben hätte ich mich jemals mehr bei einer Theater-AG angemeldet. Die Wende kam im Kindergarten – meiner Söhne wohlgemerkt. Dort ließ ich mich zu einer Nebenrolle im Weihnachtsmärchen für die Kleinen überreden. Und fand es klasse. So klasse, dass ich im nächsten Jahr gleich wieder dabei war. Heute schauspielere ich zu Hause manchmal so überzeugend, dass auch Menschen auf mich hereinfallen, die mich sehr gut kennen. Und in einem Zeitungsbericht über eine meiner Autorenlesungen konnte man kürzlich erfahren, dass ich für mein »schauspielerisches und beinahe schon hörbuchsprechertaugliches Talent« viel Applaus geerntet hatte. Ich wuchs um etwa einen halben Zentimeter – und grolle dem ersten Lateinlehrer noch immer ein bisschen, der mir einst so rüde den Stempel »*zu* gehemmt für Schauspielerei« aufgedrückt hat.

Eine Bekannte berichtete über ihren Mann, er sei als »Mängelwesen« groß geworden, weder Familie noch Schule seien ihm stärkend gegenübergetreten. »Er leitet heute eine erfolgreiche Firma, aber das schleppt er immer noch mit sich herum«, sagt sie bedauernd.

Beneidenswert, wer so munter mit Bemängelungen umgehen kann und so unverdrossen seinen Weg macht wie der Mann im folgenden Beispiel:

> Mir hat meine Mutter immer gesagt: »Du wächst für den Galgen.« Ich habe schon immer sehr viel gelesen, deswegen aber auch sehr viel angestellt. Lesen habe ich mit etwa vier gelernt. Als eine alte Frau unten am Anfang unserer Straße gestorben war, sind mein Freund und ich in ihrem leeren Haus eingebrochen, da waren wir fünf Jahre alt. Die Alte wurde in der Ortschaft für eine »Hexe« gehalten. Das wollten wir untersuchen.
>
> Mein Freund war von einer Nische in der Wand fasziniert. »Das ist sicher ein Kamin«, sagte ich. »Davon habe ich in einem Buch gelesen.« Aus dem ganzen Haus trugen wir Papier zusammen, machten damit die Nische voll und zündeten das an. Es war kein Kamin, und wir wurden von der Feuerwehr gerettet. Klar glaubte uns niemand, dass uns der Forscherdrang zu dem Einbruch getrieben hatte. Ständig wollte ich etwas ganz Großes machen und ständig brachte ich meine Eltern zur Verzweiflung damit. Schon mit zwölf habe ich für meine Mutter einen Krimi geschrieben, der aber so unanständig war, dass mir meine Mutter dafür zwei Wochen Hausarrest verpasste.
>
> Nach der samtenen Revolution – ich war zwischenzeitlich nach Deutschland geflüchtet – durfte ich meine Mutter endlich besuchen. Ich habe ihr mein Diplomzeug-

nis gezeigt, sie hat aber nur gelacht: »Du hast schon in der Schule Stempel aus einer rohen Kartoffel geschnitzt und damit Arztatteste gefälscht. Das Diplom hast du sicher selbst gemacht.« Meinen Summa-cum-laude-Doktortitel hat sie mir auch nicht geglaubt.

Ein anderer Spruch meiner Mutter zu mir war: »Du kannst von allem ein bissl, aber zusammen nix.«

Dass mir diese Bemängelungen geholfen haben, glaube ich nicht. Meine Eltern haben viel falsch gemacht bei meiner Erziehung, die alte Schule nun mal. Ich war auch kein pflegeleichtes Kind und ein braver Jugendlicher schon überhaupt nicht. Das Wichtigste aber ist: Meine Mutter hat mich geliebt, und das war auch das Beste, was sie mir geben konnte.

Insgesamt war dann ja doch vieles positiv: Da mich alle zwei Monate etwas anderes maßlos begeisterte, behielt ich sozusagen kein »Fach« fürs Leben, lernte aber sehr viel Verschiedenes. Das ist sicher sehr gut für die Schriftstellerei. Außerdem musste ich mich gegen diese ganzen Komplexe wehren, indem ich verinnerlichte, dass jede tragische Sache auch ihre lustige Seite hat. Mit 16 war ich unglücklich, wenn Leute über mich lachten, heute freue ich mich darüber. Zu Beginn der 90er-Jahre haben mich einige deutsche Bekannte gefragt, was ich denn in Deutschland werden wolle. »Schriftsteller«, habe ich damals gesagt. Teils haben sie gelacht, weil sie meinten, ich scherze, teils haben sie mir erklärt, das schaffe ich mit meinem Deutsch nie. Jetzt bin ich ein Summa-cum-laude-Doktor in den Naturwissenschaften und ein relativ bekannter Jugendbuchautor.

Dr. Jaromir Konecny, 60, Chemiker, Autor, Poetry Slammer, Jongleur

Nicht viele Menschen sind aus solchem Holz geschnitzt. Viele tragen schwer am Bemängelungsballast und befreien sich nur mit großer Mühe. Wenn überhaupt.

Das Selbstkonzept

Wir alle haben ein Selbstbild von uns, ein sogenanntes Selbstkonzept. Wir halten uns zum Beispiel für *zu* dumm für Mathematik, für sprachlich begabt, für langweilig, für unkonzentriert, für albern, für freundlich ... Aber wie sind wir eigentlich zu diesem Bild von uns selbst gekommen? Meist ist es eine Mischung aus Erinnerungen und Erzählungen. Vieles beruht nicht auf Fakten, sondern auf Bewertungen, auf Interpretationen. Und ein nicht unerheblicher Teil unseres Selbstbildes entsteht in Kindheit und Jugend. Die Lebensgeschichte einer jeden Person ist somit kein objektiver Lebenslauf, sondern durch und durch subjektiv. Schade, dass Menschen dazu neigen, sich eher an die negativen Ereignisse und Zuschreibungen zu erinnern. So bestimmen auch die Dinge, die uns mit dem verhängnisvollen Wörtchen *zu* ... erreicht haben, unser Selbstkonzept: Ach, ich bin einfach *zu* ruhig! Nein, ich kann nicht auf der Bühne stehen, ich bin *zu* schüchtern!

Das Interessante dabei: Immer dann, wenn wir eine neue Rückmeldung über unsere Person erhalten, vergleichen wir sie mit unserem Selbstbild und sind dabei bemüht, unser Selbstkonzept stabil zu halten. Sprich: Wenn wir eine Rückmeldung erhalten, die nicht zum vorhandenen Selbstkonzept passt, verunsichert uns diese Diskrepanz und wir sind erst mal bemüht, am gewohnten Selbstkonzept festzuhalten.

Wie es zu geringer Selbstachtung kommen kann

Die Psychotherapeuten Christophe André und Francois Lelord weisen auf drei wichtige Komponenten einer gesunden Selbstachtung hin: Selbstvertrauen, die Sicht auf das eigene Ich und Selbstliebe.[20] Dass die Eltern dabei eine zentrale Rolle spielen, versteht sich von selbst. Was sie von ihren Kindern erwarten, welche Botschaften sie ihnen mit auf den Lebensweg geben, wie sie Stärken und Schwächen ihrer Kinder bewerten, ob sie Misserfolge als Katastrophen darstellen, ob sie den Selbstwert ihrer Kinder an Leistung koppeln – das alles ist maßgeblich an der Entwicklung einer gesunden Selbstachtung beteiligt. Wie wichtig diese ist, haben Untersuchungen in jüngster Zeit ergeben: Oft (wenn auch nicht immer) stellt eine geringe Selbstachtung einen Risikofaktor für Depression dar. Das heißt: Ein Mensch, der keine guten Gedanken und Gefühle sich selbst gegenüber hat und sich weitgehend unzulänglich fühlt, erkrankt leichter an Depression als eine selbstbewusste Person. Und nicht nur das: Ein niedriges Selbstwertgefühl kann Panikattacken, Phobien oder andere Angststörungen verursachen – wobei umgekehrt auch Dauerangst zu einem beschädigten Selbstwertgefühl führen kann.

Für die Psychotherapeutin Melanie Fennell resultieren persönliche Grundüberzeugungen aus Erfahrungen und Botschaften, die durch Begegnungen mit anderen und durch Informationen über die eigene Person herausgehört werden. Diese Botschaften können Lob und Tadel sein, aber auch Schlussfolgerungen aus dem Verhalten anderer Personen. Meinungen über uns von Menschen, die uns wichtig sind, fühlen sich also an wie Tatsachen. Wenn Mama mich *zu* anstrengend findet, muss ich wohl anstrengend sein. Wenn mein Vater mich für *zu* unordentlich hält, bin ich eben unordentlich. Fennell weist darauf hin, dass besonders Grundüberzeugungen abwertender Art verhängnisvoll wirken können.[21]

Die kanadische Psychologin Joanne Wood hat zudem herausgefunden: Selbst noch so positive Selbstsuggestionen bewirken bei Menschen mit geringem Selbstwertgefühl wenig, im Gegenteil – viele fühlen sich dadurch eher schlechter. Von den positiven Gedanken profitieren lediglich Personen mit ohnehin gutem Selbstwertgefühl.[22]

Ist das Selbstwertgefühl also erst mal im Keller, kann man es nicht mehr leicht steigern. Wir Eltern müssen uns deshalb der Verantwortung gegenüber dem Selbstwertgefühl unserer Kinder stets bewusst sein. Denn nicht selten kleben die Folgen von Bemängelungen an den Menschen, nicht selten schleppen sie diese bis ins reife Erwachsenenleben oder sogar ein Leben lang mit sich herum. Zuschreibungen, zum Beispiel »Du bist *zu* langsam«, werden oft zu Glaubenssätzen. Im Rahmen dieser Glaubenssätze bewegen sich die Menschen dann. Deshalb ist es enorm wichtig, gut darauf zu achten, was man anderen – also auch den eigenen Kindern – zuschreibt!

Immer wieder bestätigt sich auch die Macht der selbsterfüllenden Prophezeiung, die besagt: Ein Verhalten, das wir von einem anderen erwarten, wird durch diese Erwartung begünstigt. Nicht nur in größeren sozialen Zusammenhängen lässt sich dies beobachten, sondern auch in der direkten Kommunikation mit anderen Menschen. Wer überzeugt ist, langweilig und uninteressant zu sein, verhält sich gegenüber seiner Umgebung dann auch misstrauischer und ängstlicher und findet eher wenig Anklang. Wer sich für dumm hält, traut sich wenig zu und bringt so schlechtere Leistungen, als es ihm eigentlich möglich wäre. Wer zur Überzeugung gekommen ist, sich nicht konzentrieren zu können, kann das irgendwann tatsächlich nicht mehr gut.

Wenn wir Eltern uns bewusst machen, dass das Prinzip der selbsterfüllenden Prophezeiung praktisch auf jeden Bewertungsstempel anzuwenden ist, den man Menschen – gerade im Kindes- und Jugendalter – verpasst, spüren wir die Last der Verantwortung. Wer will schon das von ihm als negativ betrachtete Verhalten des eigenen Nachwuchses verstärken?!

Der Coach Dr. Philipp Kutzelmann empfiehlt, als Erwachsene sollten wir unserem inneren Kind immer mal wieder folgende Sätze sagen:

- »Wie schön, dass du da bist, und wie schön, dass du genau so bist, wie du bist.«
- »Du bist goldrichtig! Wie schade, dass die Menschen um dich das oft nicht gemerkt haben.«

Kutzelmann weist darauf hin, dass die fremden Erwartungen für Kinder zu Zweifeln am eigenen Selbst führen können, zu einem langen, traurigen »Kampf um Anerkennung, der mit den Mitteln der Anpassung gekämpft wird«. Oft seien wir so weit getrieben worden, unser kindliches Selbst ganz durch die Brille anderer zu betrachten und es sogar abzulehnen. Jederzeit aber gebe es die »Möglichkeit, diese Brillen abzunehmen und zu erkennen, dass an dieser kleinen Version von uns nichts verkehrt ist«.[23]

Tröstlich für unsere Kinder! Aber wir Eltern sollten alles tun, dass die Brille der anderen keine negative Macht entfalten kann.

Extreme Folgen früher Bemängelungen

Psychische Auffälligkeiten treten immer wieder in Verbindung mit zurückweisendem, stark bemängelndem Verhalten auf. Bitter: Manchmal reicht schon das unausgesprochene *Zu* …

Wenn – gerade sensible – Kinder spüren, was ihre Eltern erwarten, worauf sie setzen, dann benehmen sie sich oft in einer Art vorauseilendem Gehorsam so, wie man es von ihnen erwartet. Sie erfüllen Erwartungen, ohne dass diese geäußert werden.

Meine Familie ist total lieb. Keiner hat mir je gesagt, ich solle dies nicht und dies schon tun. Aber ich wusste eben immer, was sich die anderen erhofften. Meine Eltern haben studiert, mein Vater wurde beruflich sehr erfolgreich, meine beiden großen Geschwister ebenfalls. Also habe ich eben studiert, was als Erfolg versprechend galt, habe Auslandspraktika gemacht, die mir überhaupt nicht gefielen, und habe schließlich einen Job angenommen mit hohem Image und tollem Gehalt. Aber ich war nur noch unglücklich! Bis ich endlich spürte, dass ich mich ganz weit von mir selbst entfernt hatte. Dann endlich, mit über 30, hatte ich den Mut, mich auf das zu besinnen, was *ich* wirklich wollte. Ich schmiss alles hin und ging in den sozialen Bereich. Hier habe ich das Gefühl, richtig zu sein. Glücklicherweise war meine ganze Familie einfach nur froh, dass es mir jetzt wieder gut geht. Ich hätte einfach schon viel früher den Mut haben sollen, mich zu mir selbst zu bekennen.

Tanja Bauer, 34, Sozialarbeiterin

Wenn Menschen Ablehnung für ihre persönlichen Eigenarten erfahren oder mit anderen verglichen werden und dabei glauben, schlecht abzuschneiden, fühlt sich dies wie eine Entwertung an – der Selbstwert bekommt einen Knacks. Wenn aus dem Knacks ein dauerhafter Schaden wird, sind die Folgen katastrophal. Psychotherapeuten wissen ein Lied davon zu singen: So viele Menschen zerren den Ballast – oft früher – Entwertungen hinter sich her und können sich nicht von ihm befreien.

- »Deine große Schwester ist viel fleißiger als du.«
- »Wenn du nur auch so unkompliziert wie dein Bruder wärst!«

- »Sei doch nicht so eine Memme! Schau mal, wie tapfer deine Zwillingsschwester ist!«

Wenn Eltern, Großeltern oder andere nahestehende Personen solche Sätze sagen, meinen sie das in der Regel nicht böse, sondern wollen etwas zum Guten verändern. Zum Guten aus *ihrer* Sicht:

- Die kleine Schwester soll auch einen guten Schulabschluss erzielen. Man will doch nur ihr Bestes!
- Der Junge soll nicht ständig alles hinterfragen. Wäre er so wie sein Bruder, der einfach die Dinge tut, die man ihm aufträgt, hätte er es selber auch viel leichter im Leben und später auch im Beruf und in der Partnerschaft.
- Der Zwillingsbruder benimmt sich einfach nicht so, dass er später als Erwachsener bestehen kann in dieser Welt. Da muss man ihm doch helfen, dass er anders wird!

Aber auch wenn bestimmte Sätze gut gemeint waren, können sich die Folgen niedrigen Selbstwerts, der von Kindheit an erworben wurde, in vielerlei Weisen belastend auswirken:

Manche Menschen werden in Partnerschaften vom Gefühl begleitet, nicht gut genug zu sein, sie machen sich klein, ordnen sich unter, äußern ihre Bedürfnisse nicht, sind oft auch unbegründet eifersüchtig. Andere sind enorm perfektionistisch, um ihren geringen Selbstwert zu kompensieren. Auch unter narzisstischen Persönlichkeitsbildern steckt oft eine Selbstwertproblematik.

Die Frage sei erlaubt, ob all die Menschen, die – aus vermeintlich politischer oder religiöser Motivation – gerade in jüngster Zeit durch extrem abwertendes, aggressives, gefährliches Verhalten ihren Mitmenschen gegenüber aufgefallen sind, dieses Verhalten an den Tag gelegt hätten, wenn sie selbst nicht von klein auf in irgendeiner Weise gegen das Gefühl eines niedrigen Selbstwerts gekämpft hätten. Wer mit sich im Reinen ist, löst meiner Meinung und Erfahrung nach Konflikte anders!

Auch im Lob steckt Gefahr

Leider können auch zu viel Lob und Positiv-Vergleiche verhängnisvolle Wirkungen nach sich ziehen:

- »Wie gut, dass du nicht so anstrengend bist wie deine Schwester!«
- »Was bin ich froh, dass du so zielstrebig durchs Leben gehst!«
- »Du bist halt unsere Lustige! Mit dir hat man immer etwas zu lachen.«

Solches Lob kann das Selbstbild so weit beeinflussen, dass der Anspruch an sich selbst viel zu hoch ist:

- Wer stets für Unkompliziertheit gelobt wurde, gesteht es sich dann eben nicht so ohne Weiteres zu, auch mal kompliziert zu sein und zuzugeben, dass gerade alles gar nicht einfach ist. Man will die Umgebung doch nicht enttäuschen.
- Wer als Vorbild an Zielstrebigkeit gilt, wagt dann eben nicht, die Ausbildung oder das Studium abzubrechen, obwohl er todunglücklich damit ist. Die Erwartungen wollen erfüllt werden!
- Wer immer für seinen Unterhaltungswert gerühmt wurde, mag nicht zur Spaßbremse mutieren, weil ihm zurzeit eben gar nicht zum Lachen zumute ist. Fremd- und Selbstbild würden demontiert werden.

Auch ohne ausdrückliche Vergleiche kann unverhältnismäßiges Lob negative Folgen haben. Wer ständig hört, wie toll und außergewöhnlich er ist, steht enorm unter Druck. Schließlich muss er diese Erwartungen erfüllen. Erlebt er sich dann immer wieder als versagend oder schlichtweg nur durchschnittlich, kann das Selbstwertgefühl vehement sinken.

Nun wissen wir also, dass Bemängelung Spuren hinterlässt – auch wenn es große Unterschiede hinsichtlich der Auswirkungen gibt. Aber worauf stützen sich die Mäkeleien eigentlich? Was ist der Maßstab, an dem gemessen wird? Wer entscheidet, was *zu* … ist?

4
Wer entscheidet, was wünschens- oder »bemängelnswert« ist?

Dem antiken Philosophen Epiktet wird die Erkenntnis nachgesagt, es seien nicht die Tatsachen, die das Leben schwer machen, sondern deren Bewertung durch uns Menschen. Was also hat es mit den Bewertungen auf sich?

Bewertungen sind relativ

Die große Frage ist: Wer legt eigentlich fest, was *zu* ... ist? Und nach welchen Kriterien wird das bestimmt?

Stark ins Grübeln kam ich, als ich vor vielen Jahren den englischen Film *Zustände wie im Paradies* aus dem Jahr 1957 sah. Was mich so bewegt hatte, war Folgendes:

Eine Gruppe von Adeligen strandet – gemeinsam mit dem Butler – nach einem Schiffbruch auf einer einsamen Insel. Der Kampf ums Überleben beginnt. Und wer rettet die Gruppe mit seinen Fähigkeiten, Talenten, Charaktereigenschaften? Der Butler! Der Mann, der seit Jahren als Bediensteter untergeordnete Arbeiten hat erledigen müssen, wird innerhalb kürzester Zeit zum Anführer und deshalb auch »Chef« genannt. Was mir damals blitzartig bewusst wurde: Wie relativ alles ist! Wie situationsabhängig! Wie umgebungsabhängig! Vermutlich hatte der Butler in der Heimat als *zu* arm, *zu* unterschichtig, *zu* ungebildet, *zu* unwissend, *zu* wenig vornehm, *zu* wenig intellektuell usw. gegolten. In der akuten Notlage auf der Insel war er innerhalb kürzester Zeit nicht mehr *zu* ...! Die Herkunft war egal, Etikette, Blasiertheit und antrainiertes Verhalten halfen nicht weiter. Das, was dieser Mann an Wissen, Können, Temperament und Eigenarten mitbrachte, war jetzt genau nützlich. Die Situation in der Heimat hatte ihm den abwertenden Stempel »Dienstpersonal« verpasst, die auf der Insel das überaus wertschätzende Etikett »Führungspersönlichkeit«. Die veränderte Situation führte also zur veränderten Bewertung. Hätte der Mann nach seiner Zeit auf der Insel ein Arbeitszeugnis erhalten, wäre dies außergewöhnlich gut ausgefallen und es hätte ihn für weitere Führungspositionen qualifiziert. Allerdings nur in vergleichbaren Situationen. Dank Rettung und Rückkehr der Gruppe verlor der Butler im Film in Windeseile seine Position. Trost für den Zuschauer: Er war in der kurzen Zeit seiner »Cheftätigkeit« auf der Insel clever genug gewesen, eine mögliche Rückkehr vorherzusehen, und hatte wertvolle Perlen gesammelt. Der so erworbene Reichtum erlaubte ihm – zurück in der Heimat –, dem Dienstbotendasein Adieu zu sagen.

Man muss aber gar nicht auf einer einsamen Insel stranden, um die Relativität von Bewertungen zu erkennen:

»Jeder ist ein Genie. Aber wenn du einen Fisch danach beurteilst, ob er auf einen Baum klettern kann, wird er sein ganzes Leben glauben, dass er dumm ist.« Das Genie Albert Einstein soll das gesagt haben. Natürlich hat er recht. Dem Fisch würde man vermutlich attestieren, er sei *zu* glitschig, *zu* ungeschickt und gebe *zu* schnell auf.

Vielleicht kennen Sie, liebe Leser, auch die passende Karikatur, auf der sich ein Vogel, ein Affe, ein Pinguin, ein Elefant, ein Fisch, eine Robbe und ein Wolf einer Prüfung unterziehen müssen. Der gestrenge Prüfer spricht den Satz: »Damit es gerecht zugeht, erhaltet ihr alle die gleiche Aufgabe: Klettert auf den Baum!«

Kleine Lockerungsübung: Welche *Zu-...*-Bemängelungen würde sich die Robbe wohl anhören dürfen? Und welche der Elefant, der Pinguin, der Vogel, der Wolf?

Und wenn die Prüfungsaufgabe anders lauten würde, zum Beispiel: »Alle schwimmen 100 Meter!«, »Bitte singt ein Lied!«, »Rennt so schnell wie möglich!« oder »Bitte transportiert einen schweren Baumstamm!« – welche *Zu-...*-Abwertungen müssten sich welche Tiere wohl dann gefallen lassen?

Zeitgeist

Was früher als *zu* ... galt, wird heute zum Teil ganz anders gesehen. Und was heute als *zu* ... gilt, wäre früher womöglich positiv bewertet worden.

In grauer Vorzeit waren Jagdgeschick, Schnelligkeit und Ausdauer fürs Überleben wichtig. Ein guter Redner, aber langsamer Läufer wäre wohl als *zu* lahm eingeschätzt worden. Heute erhielte ein Mensch, der gut jagen kann, sonst aber wenig weiß und kann, den Stempel »*zu* ungebildet«, womöglich gar »*zu* dumm«.

Barbara Strohschein schreibt in ihrem Buch *Die gekränkte Gesellschaft*, Werte, also sozial anerkannte Tugenden, seien wechselnden Moden unterworfen.[24] Was in einer gewissen Phase als überholt und altmodisch gilt, kann womöglich in der nächsten oder übernächsten Generation plötzlich wieder neu aufleben. Das lässt sich an den Beispielen Fleiß, Höflichkeit oder Pünktlichkeit gut mitverfolgen. Wir können daraus ableiten: Auch wenn Tugenden im Jetzt als allgemein verbindlich zu gelten scheinen – ihr Ansehen schwankt im Laufe der Zeit gewaltig. Wer die Menschheitsgeschichte studiert, wird dies immer wieder bestätigt finden.

Ich war aus der Sichtweise meiner Eltern, vor allem meiner Mutter, *zu* wenig ordentlich und fleißig, was die Mitarbeit im Haushalt – das Bad putzen, die Küche aufräumen, das Kochen, Bügeln ... – anbelangte. Dazu muss ich sagen, dass mich diese Aufgaben sehr langweilten und ich wenig bis gar kein Interesse dafür zeigte. Ich erledigte diese unter Druck, als Pflicht und mit großem Desinteresse. Dabei flüchtete ich oft in die Fantasie. Das führte dazu, dass es sehr lange dauerte, bis ich zum Beispiel das Waschbecken geputzt hatte. Also kam es wiederum oft zu Äußerungen, dass ich viel *zu* langsam, *zu* schlampig, *zu* unordentlich sei und später mal unfähig sein werde, einen ordentlichen Haushalt zu führen.

Mein Interesse galt hauptsächlich den Tätigkeiten, die mein Vater erledigte. Das hieß, in der Werkstatt zu sein, Motoren zu wickeln, Waschmaschinen zu reparieren, sich mit Strom und Kabeln zu beschäftigen und vieles mehr. Ich kannte jedes Werkzeug, welches er benutzte. Und wenn es mir ermöglicht wurde, dann war ich mit ihm zusammen und unterwegs. Ich beobachtete genau, was er machte, und versuchte ihn dabei zu unterstützen. Die Bestätigung, die ich dabei erhielt, hieß: »Ich wäre ein guter Lehrbub.« Da ich aber wusste, dass ich ein Mädchen und kein Junge war, kam dieses Lob nicht wirklich bei mir an. Da ich mich auch sonst nicht sehr »mädchenhaft« verhielt – ich spielte nicht mit Puppen, trug am liebsten Hosen, kletterte auf Bäume und war gerne im Wald unterwegs –, hieß es oft, ich sei ein missratener Junge.

Geholfen haben mir diese Bemängelungen gar nichts, ganz im Gegenteil. Es kam dadurch oft zu Missstimmung, die in Schweigen überging. Ich entwickelte das Gefühl, »nicht gut genug zu sein«. Das heißt, mein Selbstwert litt darunter. Ich lechzte nach Anerkennung und Wertschätzung.

Auch für meine Eltern war es problematisch. Sie ärgerten sich viel über mich, da ich ihre Erwartungen nicht richtig erfüllte. Heute denke ich, sie hatten oft Angst, dass aus mir nicht die häusliche, fleißige Frau, die damals wohl ein Idealbild war, werden könnte. Auch waren in der Herkunftsfamilie meiner Mutter »Unordentlichkeit«, »Langsamkeit« und »Schlampigkeit« sehr verpönt. Meine Mutter spürte sicherlich selbst viel Druck, den sie dann an mich weitergab.

Heute sehe ich es so: Das waren keine Mängel. Meine Reaktionen waren also völlig normal. Meine praktischen, handwerklichen Fähigkeiten hätte man mehr fördern können. Diese wurden zu wenig wahrgenommen – auch in der Schule. Froh bin ich darüber, dass ich mir diese Fähigkeiten selber wieder ins Bewusstsein holen konnte. Ich weiß aber auch durch meine Tätigkeit als Mentaltrainerin, dass dies nicht allen Menschen so gut gelingt wie mir.

Zusammengefasst kann ich sagen: Man wollte etwas von mir haben, was ich nicht bereit war zu geben, und übersah dabei jenes, was ich auf dem Silbertablett servierte.

Meine Fantasie, die oft Zufluchtsort war, nutze ich heute häufig, um mir entspannende Geschichten für Kinder einfallen zu lassen. Ich bin auch heute nicht die »typische Hausfrau«, verlege lieber mit meinem Mann einen Fußboden, als dass ich ein 3-Gänge-Menü koche. Wichtig ist, dass ich das heute an mir selber wertschätze. Dies musste ich jedoch erst lernen, da ich als junge Erwachsene mich selber – so wie vorher meine Eltern – dafür verurteilte.

Rosemarie Schlosser, 45, Vertragsbedienstete im Bundesministerium für Justiz

Wenn sich der Zeitgeist ändert, ändern sich auch die Bemängelungen. Heute wäre es in unserem Kulturkreis wohl eher so, dass man bei einem sehr häuslichen Mädchen das Gegenteil bemängeln würde: Es wäre *zu* wenig selbstbewusst und *zu* »mädchenhaft«. Es hätte *zu* wenig Durchsetzungsvermögen. Es sollte nicht so an seiner Geschlechterrolle kleben ...

Land, Kultur, Religion

Eine Bekannte von mir litt ihr ganzes junges Leben darunter, *zu* dick zu sein. Ja, sie war wirklich übergewichtig. Und ja, kein männliches Wesen hatte sich bisher in sie verliebt. Eines Tages lernte sie jedoch einen jungen Mann aus einem fernen Land kennen. Er fand sie überhaupt nicht *zu* dick, sondern vergötterte sie und ließ sie wissen, wie besonders schön er sie fand. Sie konnte es nicht glauben und fühlte sich auf den Arm genommen. Doch dann stellte sich heraus, dass in seiner Heimat »dick« gleichbedeutend war mit »außergewöhnlich gesund aussehend«. Was für ihn fast so viel bedeutete wie »begehrenswert«.

Was hierzulande als wünschenswert angesehen wird, gilt noch lange nicht für jedes europäische Land. Und was im Kontinent Europa als wünschenswert angesehen wird, gilt noch lange nicht für jedes Land dieser Erde. Am liebsten würde ich fortsetzen: Was auf dem Planeten Erde als wünschenswert angesehen wird, gilt noch lange nicht für das gesamte Universum. Den letzten Satz bitte ich aufgrund mangelnden Wissens mit Vorsicht zu genießen. Die anderen beiden möchte ich aber gerne ein wenig ausführen.

Jeder, der mit Menschen aus unterschiedlichen Ländern, Ethnien, Kulturen und Religionen zusammentrifft – ob bei Reisen in fremde Länder oder bei Kontakten mit Migranten im eigenen Land –, bemerkt es früher oder später: Wir sind nicht der Nabel der Welt. Das, was bei uns als richtig und wichtig erachtet wird, sehen andere ganz anders. Auch die Menschen in Europa mit allem, was sie ausmacht, sind nicht der Nabel der Welt. Man kann die Dinge in anderen Kontinenten ganz anders sehen. Ein denkender Mensch kann sich heute der Erkenntnis nicht mehr verschließen: Wir sind alle Teil einer Weltbevölkerung, in der unterschiedliche Dinge als üblich und gut bewertet sind.

Dies ist auch der Stoff, aus dem interkulturelle Missverständnisse und Konflikte gewebt sind. Ein fester Händedruck – bei uns ein Zeichen der Wertschätzung – gilt in manchen Ländern als übergriffig. »Als mir zum ersten Mal ein deutscher Mann die Hand schüttelte, ging das für mich in Richtung körperliche Belästigung«, gestand mir eine Russlandaussiedlerin. Der Blick in die Augen – bei uns von Respektspersonen eingefordert – ist in manchen Ländern eine Respektlosigkeit sondergleichen. Ich möchte nicht wissen, wie viele deutsche Lehrer von ihren türkischen Schülern schon gereizt einforderten: »Schau mir in die Augen, wenn ich mit dir rede!«

In manchen Ländern dieser Erde steht die Einzelpersönlichkeit im Vordergrund, in anderen der Gedanke ans Wohl der Gemeinschaft. Je nach Land, Volksgruppe, Religion und Kultur gibt es auch ganz unterschiedliche Dinge, die als *zu* ... gelten.

Allerdings lässt sich in den letzten Jahren beobachten, dass von der Globalisierung auch die Kindheit betroffen ist: Dank Fernsehen, Internet und weltweit vertretener Markenketten gleicht sich zumindest das an, was Kinder als erstrebenswert erachten. Ob sich durch die Globalisierung langfristig auch die Bemängelungen angleichen, wird sich zeigen.

Mädchen oder Junge?

Was man an einem Jungen bewundert, wirft man einem Mädchen noch immer gerne vor: *zu* wild sei sie, *zu* aggressiv, *zu* dominant. Und wofür Mädchen Wertschätzung erfahren, das kann für Jungs ganz schön peinlich sein. Wer als *zu* weich, *zu* sensibel, *zu* wenig durchsetzungsbereit gilt, ist eben kein richtiger Junge. Die Komikerin Carolin Kebekus spricht in einem Interview über das, was Frauen noch immer anerzogen werde: »Lieber ein bisschen zurückhaltend sein, lieber nicht das nehmen, was dir zusteht, sondern erst einmal die anderen ranlassen. Bisschen bescheiden, nicht zu laut, nicht zu vulgär, nicht zu sexy – sexy schon, aber nicht zu sexy. Auch Mutter sein, aber nicht zu viel Hausmutter, auch ein bisschen Karriere.«[25] Erstaunlich, wie viele *Zu* auch hier vorkommen.

Zwei Extreme in einer Familie, zweimal bemängelt – das zeigt das folgende Beispiel:

> Als Kind war ich aus heutiger Sicht *zu* schüchtern, *zu* ruhig, *zu* ängstlich, *zu* empfindlich. Heute finde ich, es ist zwar gut, dass es empfindliche Menschen gibt, die mit ihren Gefühlen umgehen können, das Ängstliche, Angepasste aber sehe ich als eine Schwäche an. So bin ich zum Beispiel nicht über den Gartenzaun geklettert, sondern alleine zu Hause geblieben, während die anderen, die Wagemutigen, mit ihren Freunden einen schönen Nachmittag hatten. Und dann wurde ich noch nicht mal dafür gelobt. Die Anpassung, von der ich damals dachte, dass sie erwünscht war, brachte mir gar nichts. Die anderen, die sich über die Gebote hinwegsetzten, hatten Vorteile.
>
> Mein Bruder dagegen war immer *zu* wild, *zu* lebhaft. Er bekam in der Schule viele Strafarbeiten. Das ging so weit, dass meine Mutter mal zum Schulleiter sagte: »Was soll ich mit ihm machen? Erschießen, erhängen oder ersäufen?« Erst da fiel dem Mann auf, dass man kein gutes Haar an meinem Bruder gelassen hatte.

Heute ist seine Stärke eindeutig die Kreativität, er hat ständig viele Ideen, er macht Musik und Kunst. Für die Schule war er halt nicht anpassungsfähig genug.

Ruth Fröhlich, 59, Lehrerin

Ein kleines Gedankenexperiment: Stellen Sie sich die gegenteilige Variante vor, ein *zu* lebhaftes Mädchen und ein *zu* ruhiger Junge. Wäre das für die Eltern einfacher gewesen? Und für die Schule? Und für die Betroffenen selbst? Oder spielt es vielleicht einfach keine Rolle, weil es kein Besser und kein Schlechter gibt?

Elternhaus

Wer Einblick in unterschiedliche Familiensysteme hat, wird unschwer feststellen, dass in der einen Familie mehr Wert auf Anpassung und in der anderen mehr Wert auf Kritikfähigkeit gelegt wird. Dass das lebhafte Naturell des Mädchens in Familie A. bejubelt und in Familie B. gedämpft wird. Dass man es hier mit der Wahrheit nicht so genau nimmt, dort aber die Ehrlichkeit eine zentrale Rolle spielt.

Eltern können dabei sehr wohl in der einen Hinsicht sehr bemängelnd sein, in anderer Hinsicht aber gar nicht. Es heißt dann vielleicht: »Du bist *zu* unbeherrscht und isst *zu* viel Süßes!«, weil das Thema »Gesunde Ernährung« eben sehr ernst genommen wird. Ansonsten gibt es kaum ein *Zu*, da das Elternhaus liberal ist und das Kind bewusst so lassen möchte, wie es ist.

Selbst unter Familien kann es so zum unseligen Vergleichen kommen und damit zum Gefühl, die eigene Familie sei *zu* …

Ich machte mir solche Gedanken. Die anderen tollen Familien unternahmen ständig etwas mit ihren Kindern. Balgten mit ihnen herum, fuhren in die Berge, zelteten, spielten Fußball. Ich schielte immer so ein bisschen neidisch auf sie. Wie gut hatten es diese Kinder! Wie sehr litten wohl die unseren? Hatten zwar liebende Eltern, die ihnen vorlasen und Geborgenheit schenkten. Eltern, die sich Zeit für Probleme nahmen, die viel mit ihren Kindern redeten. Aber eben keine Abenteurer, keine Sportler, keine Stimmungskanonen. War es bei uns nicht viel *zu* ruhig, viel *zu* langweilig?

Klar, unsere Kinder besuchten Sportvereine, verbrachten Ferienzeit in Zeltlagern, lernten schwimmen und tauchen, versuchten sich an allen möglichen Instrumenten ... Aber wir Eltern waren da halt eher außen vor.

Ich machte mir Gedanken ...

Heute sehe ich, dass auch wir mit unserer nicht so abenteuerlustigen Art etwas Positives angelegt haben. Wir können – auch bei Problemen – sehr gut miteinander sprechen. Dies erlebe ich nicht in jeder Familie so, auch nicht bei denen, die so viel »nach außen Sichtbares« miteinander unternommen haben. Von unseren erwachsenen Kindern wird dies immer wieder positiv erwähnt. Dies macht mich dankbar und froh. Und lässt mich immer wieder denken: Wäre ich damals schon so klug gewesen ...

Ja, wenn ich damals schon gewusst hätte, was ich heute weiß, hätte ich mit der »*zu* ruhigen Familie« ganz anders umgehen können, hätte das Positive hinter dem vermeintlich Negativen gesehen, hätte mich an manchem sogar erfreuen können, was mich damals nur belastet hat.

Rita Gerber, 60, Lehrerin, nach: »Hätte ich das früher gewusst ...«[26]

Ein und dasselbe Kind in unterschiedlichen Umgebungen

Reizvoll finde ich folgendes Gedankenexperiment, das zwar nicht in der Realität, sehr wohl aber in der Vorstellung durchführbar ist: Man nehme ein und dasselbe Kind mit ein und denselben angeborenen Eigenschaften und mit ein und demselben angeborenen Temperament und lasse es

- von unterschiedlichen Eltern ein und desselben Landes oder Kulturkreises großziehen,
- von ein und denselben Eltern in unterschiedlichen Ländern oder Kulturkreisen erziehen,
- von unterschiedlichen Eltern in unterschiedlichen Ländern oder Kulturkreisen großziehen

und vergleiche dann die Zeugnisbemerkungen beziehungsweise die mündlichen Bewertungsaussagen durch Lehrkräfte, Bekannte, Verwandte und Nachbarn.

Ich kann mir sehr gut vorstellen, dass das, was *zu ...* ist, stark variieren würde, vielleicht sogar gegensätzlich wäre.

Nicht auszudenken, wenn auch noch die Variablen »historischer Kontext« und »Geschlecht des Kindes« hinzukämen!

Das spätere berufliche und private Leben als Bewertungskriterium

Nun höre ich schon den kritischen Einwand: Was soll dieses Gerede über die Relativität von Bewertungen?! Wichtig ist das, was im späteren Leben vom Kind gefordert wird beziehungsweise was ihm später mal hilft! All die Eigenschaften, die ihm im Berufsleben Vorteile bringen werden, müssen Schule und Eltern eben positiv bewerten. All die Eigenschaften, die ihm im

Berufsleben im Weg stehen werden, müssen Schule und Eltern negativ bewerten. Zum Besten des Kindes! Auf dass es beruflich erfolgreich werde und Karriere mache!

Halt! Und zwar mehrmals halt! Ich erlaube mir hier ein paar ketzerische Einwände:

- Wird nicht vor allem das als positiv bewertet, was im jeweiligen System Schule für reibungslose Abläufe sorgt? Wird dabei nicht das vernachlässigt, was für das Kind womöglich gut, für das System Schule aber schlecht ist?
- Wer sagt, dass es immer nur um das gehen muss, was »im späteren Leben« kommen wird? Wird dabei nicht das vernachlässigt, was jetzt gerade gut für das Kind ist?
- Wer weiß in unserer schnell sich verändernden Zeit heute schon, was »im späteren Leben« gefordert sein wird?
- Wer sagt, dass Bewertungen, die sich an Schule und Beruf orientieren, die einzig wahren sind? Wird dabei nicht das vernachlässigt, was Menschen im Freundeskreis, in der Partnerschaft, unter Nachbarn zu zufriedenen, beliebten Mitmenschen macht?
- Wer sagt, dass diese Bewertungen im Kindes- und Jugendalter – egal, an welchem Kriterium sie sich orientieren – etwas Gutes bewegen können? Schaffen es Eltern wirklich, ihre Kinder aufgrund dieser Bewertungen zu besser »passenden« Menschen zu erziehen?
- Wer sagt, dass es von tatsächlichem Wert ist, wenn Eltern aufgrund dieser Bewertungen an ihren Kindern herumerziehen? Vermitteln sie dabei nicht ihren Kindern das Gefühl, in irgendeiner Weise »falsch« zu sein?

Seien wir ehrlich: Wenn ich zu meinem Partner sage, er sei *zu* unaufmerksam, dann meine ich in erster Linie: *zu* unaufmerksam für *mich*. Wenn ich zu meiner Freundin sage, sie sei *zu* dominant, dann meine ich vor allem: *Mir* geht deine Dominanz auf die Nerven. Ein anderer wäre vielleicht dankbar für die Durchsetzungsfähigkeit der Gefährtin. Wenn ein Jugendlicher zu seiner Mutter sagt, sie sei *zu* kontrollierend, dann meint er eigentlich: Du kontrollierst *mich* zu sehr. Ein anderer würde dies vielleicht als Interesse positiv bewerten. Der Maßstab ist also meist das persönliche Empfinden dessen, der die Bewertung abgibt.

Wenn eine Lehrkraft sagt, das Kind sei *zu* aufmüpfig, meint sie zunächst in erster Linie: Dieses Kind ist *mir* zu aufmüpfig. Eine Lehrkraft, die reflektiert und auch mal in kritische Distanz zu sich selbst tritt, meint womöglich auch: Dieses Kind ist *zu* aufmüpfig, um im System Schule gut zurechtzukommen. Vielleicht sogar: Dieses Kind ist *zu* aufmüpfig, um im Leben zurechtzukommen. Selbst wenn sie es also von Herzen gut meint und sich um das Kind und sein Fortkommen sorgt, bleibt die Frage: Hat sie in ihrer Bewertung recht? Kann sie heute schon sehen, was das Kind morgen brauchen wird, um erfolgreich zu sein? Kann sie in der Schule sehen, was das Kind in der Peergroup braucht, um gut klarzukommen?

Welche Bewertungen haben Lehrkräfte wohl späteren Widerstandskämpfern verpasst? Waren die in der Schule schon aufmüpfig? Waren sie dort *zu* aufmüpfig? War vielleicht gerade dieses Aufmüpfige der Grund, warum sie sich einem Terrorregime *nicht* unterwarfen?

Welche Bewertungen standen wohl in den Zeugnissen von späteren Erfindern? Waren die in der Schule oft nicht bei der Sache, weil sie in Gedanken bereits über die Realität hinaus dachten? Galten sie vielleicht als *zu* verträumt?

Man kann es drehen und wenden, wie man will: Einen absolut objektiven Bewertungsmaßstab für menschliche Eigenarten, Wesenszüge, Verhaltensweisen gibt es nicht!

Noch ein Hinweis zur späteren Partnerschaft: Welches Deckelchen zum Töpfchen der junge Mensch später mal finden wird, kann niemand wissen. Das Deckelchen muss halt nur aufs Töpfchen passen!

Konkret: Wenn der *zu* verträumte und *zu* sensible Schüler von ehedem eine Freundin findet, die ihn gerade wegen seiner Fantasie und seiner Sensibilität liebt, sind seine Wesensmerkmale eben kein Mangel. Wenn er sich aber eine Partnerin sucht, die ihm seine ganz persönliche Eigenart als lebensfremd und wenig zupackend ankreidet, dann ist diese Eigenart ein Mangel, aber nur für *sie*. Wenn das unsportliche, etwas bequeme Mädchen von ehedem an einen jungen Mann gerät, der froh und dankbar ist, dass er nicht jedes Wochenende in die Berge oder aufs Bike muss, ist alles in bester Ordnung. Wenn sie sich aber für einen Abenteurer entscheidet, macht sie sich selbst zum Mängelwesen, aber nur für *ihn*.

Also: Passen muss es!

Dr. Eckart von Hirschhausen beschreibt in einem seiner Vorträge[27], wie er schlecht gelaunt einem Pinguin im Zoo zusah und fast schon verächtliches Mitleid mit der kleinen Kreatur empfand: »Der hat ja *zu* kleine Flügel, der kann überhaupt nicht fliegen. Der hat einen kleinen Bauch und dafür keine Knie. Das ist ja wohl die komplette Fehlkonstruktion!« Wenig später erlebte er das bemitleidenswerte Wesen als grandiosen Schwimmer: »Wenn man Pinguine einmal im Wasser gesehen hat, weiß man: Die können fliegen!« Dieses Erlebnis habe ihm zweierlei Erkenntnisse beschert: wie leicht man im Urteil danebenliegen kann, wenn man jemanden nur in *einer* Situation erlebt hat, und wie wichtig die Umgebung dafür ist, ob das, was einer kann, überhaupt zum Vorschein kommt. »Wenn du als Pinguin geboren bist«, sagt Hirschhausen, »machen auch sieben Jahre Therapie aus dir in diesem Leben keine Giraffe. Da muss man nicht mit dem Therapeuten darüber reden, warum man gerne einen langen Hals hätte.« Viel wichtiger sei es herauszufinden: »Was bin ich denn? Was kann ich? Was macht mir Freude? Wann haben andere mit mir Freude? Was ist mein Ding? Was ist mein Element? Wann fühle ich mich wohl?« Bis zum eigenen Element seien es oft kleine Schritte. Manchmal sei auch ein Sprung ins Kalte nötig, aber dann wisse man, wie sich das anfühlt: im eigenen Element zu sein.

Wir sollten unseren Kindern auf keinen Fall das belastende Gefühl mit auf den Lebensweg geben, sie seien in irgendeiner Weise *zu* …, sondern ihnen helfen, zum eigenen Element zu finden, also ziemlich genau zu wissen, *wie* sie sind. Dazu müssen wir Sicherheit geben, unsere Kinder müssen wissen, dass sie wirklich so angenommen werden, wie sie sind. Sie dürfen nicht die Notwendigkeit verspüren, sich als Giraffe zu verstellen, nur damit Mama und Papa nicht vom Pinguin enttäuscht sind. Auf dass sie sich in den Bereichen Partnerschaft, Freundschaft und Beruf eben genau das suchen, was zu ihnen und ihrem So-Sein passt. Und auf dass sie sich selbst und ihr So-Sein positiv sehen können.

5
Vermeintliche Schwächen anders sehen

Stärken *neben* den Schwächen sehen

Wer in den letzten Jahren die anhaltende Diskussion zu Bildung und Begabung verfolgt hat, konnte es immer wieder hören: das Hohelied auf die Potenzialentfaltung. Zumindest theoretisch hat man der Defizitorientierung den Laufpass gegeben: In allen Menschen schlummern Begabungen, jeder Menschen hat nicht nur Schwächen, sondern auch Stärken. Der gewohnte Blick, der immer nur nach den Schwächen schielt, wird endlich als wenig hilfreich erkannt.

Die sogenannte Positive Psychologie hat sich ausdrücklich zum Ziel gesetzt, Stärken und Ressourcen von Menschen zu fördern. An der Fachrichtung für Persönlichkeitspsychologie und Diagnostik der Universität Zürich wurde sogar das Programm *staerkentraining.ch* entwickelt. Es soll dabei helfen, eigene Charakterstärken besser kennenzulernen und zu fördern.

Oft klingt das dann so: Wenn ein Kind als *zu* ängstlich gilt, kann es sich damit trösten, dass es zwar ängstlich, aber dafür richtig gut in Mathe ist. Wenn ein Kind *zu* langsam ist, kann es sich sagen: Ich bin zwar nicht der Schnellste, dafür aber ein guter Zuhörer.

Diese Entwicklung weg von der Defizitorientierung habe ich voller Freude und Hoffnung mitverfolgt, weil sie sich mit dem deckt, was ich selbst dank zahlreicher Erfahrungen empfinde und denke. Aber dank genau dieser Erfahrungen gehe ich noch einen Schritt weiter: Ich plädiere dafür, die Stärken nicht nur neben, sondern geradezu *in* den Schwächen zu sehen.

Stärken *in* den Schwächen sehen

Bewusst wurde mir diese Sichtweise zum ersten Mal, als eines meiner Kinder in der Pubertät sagte: »Warum soll ich rauchen, bloß weil es die anderen tun?«

Neben dem Entzücken, das diese Äußerung bei mir auslöste, kam eine Erinnerung an meine eigene Pubertät in mir hoch: Ich selber hatte zu rauchen begonnen, *weil* es die anderen, die »Coolen« taten. Ich hatte nicht uncool danebenstehen wollen. Die innere Stärke meines Sohnes hatte ich damals nicht gehabt. Dafür hatte sich meine Mutter in der Schule auch nie Dinge anhören müssen wie ich über meinen Sohn. Dafür hatte sie sich nie die Sorgen machen müssen, wie ich sie mir als Mutter dieses Kindes gemacht hatte. Das Kind schien selbst mir als liebender Mutter *zu* eigenwillig. Von klein auf wusste es immer ganz genau, was es wollte. Von klein auf ließ es sich selten etwas sagen. Worüber mich später auch Kindergarten und Schule gerne informierten. Leicht zu führen – nein, dieses Etikett heftete meinem Kind keiner an. Wie dankbar wäre ich manchmal gewesen, wenn er einfach getan hätte, was man ihm sagte. Wenn er einfach getan hätte, was alle taten.

Und nun dieses klare Nein zum Mitlaufen mit der Masse, zum Tun, was »man« in seiner Peergroup tat. Mir dämmerte endlich: In der vermeintlichen Schwäche steckte eine enorme Stärke.

Ich begann gründlicher nachzudenken. Mir hatte man nicht meinen Eigenwillen vorgeworfen, sondern meine Begeisterungsfähigkeit. »Du begeisterst dich *zu* schnell für die Dinge«, musste ich mir manchmal anhören. »Du schwärmst immer gleich.« »Das sind ja nur Strohfeuer.« »Ach, dein Gefühlsüberschwang!« Wenn ich jetzt aus der Distanz der »reifen« Frau auf diese Rügen blicke, muss ich ganz klar sagen: Diese Eigenart hat mich bisher gut durchs Leben getragen. Ich habe mich für vieles begeistert, ja. Oft hat die Begeisterung nicht gehalten, ja. Aber dabei ist keinerlei Schaden entstanden. Na gut, die kleinen Pflänzchen, die mein Vater mir im Garten zur Verfügung stellte, hätten ein besseres Leben verdient gehabt. Aber die Mineralien, die Briefmarken, die Schriftsteller – sie alle haben nicht gelitten, als ich sie, nach ursprünglicher Leidenschaft, nicht mehr so toll fand. Die Fähigkeit mich zu begeistern aber hat mir viele schöne Stunden beschert – und nicht zuletzt meine Autorentätigkeit neben dem Lehrerberuf. Genau diese Kombination liebe ich. Wenn ich in der Schule Frust schiebe, freue ich mich aufs Schreiben. Wenn es beim Schreiben gerade nicht so läuft, freue ich mich auf die Schule. Wenn beides gut läuft, ist es einfach umwerfend. Okay, das war schon wieder ein Gefühlsüberschwang. Aber wem schadet er? Hätte ich mich nicht immer wieder in Themen »verliebt«, hätte ich nie die Kraft und Ausdauer aufgebracht und würde sie auch heute noch nicht aufbringen, neben allen anderen Pflichten zu schreiben, zu konzipieren, zu überarbeiten, neu zu konzipieren, zu verwerfen, Kritik einzustecken, mich wieder neu zu motivieren – und nicht zuletzt andere zu motivieren. Würde das Feuer in mir nicht so brennen, könnte ich es bei anderen nicht entfachen.

Ich sah mich weiter um – und entdeckte im Bekanntenkreis den Jungen, dem man ein Schulleben lang seine »Temperamentlosigkeit« vorgeworfen hatte und der nun in aller Ruhe Baupläne für elektronische Geräte austüftelte. Die ehemalige »Schlaftablette«, der »Lahmarsch«, war ausgesprochen erfolgreich in seinem Beruf.

Ich entdeckte das Mädchen, das wegen seiner Aufmüpfigkeit fast von der Schule geflogen wäre und nun eine hingebungsvolle Ehefrau und Mutter ist, sich selber dabei aber nicht vernachlässigt und politisch engagiert durchs Leben geht.

Mir wurde immer klarer: Es geht nicht nur darum zu sagen, jeder Mensch hat Schwächen, aber auch Stärken. Sondern es geht ganz klar um eine andere Sichtweise auf das, was gemeinhin als Schwächen tituliert wird. Diese andere Sichtweise ist zunächst einmal ungewöhnlich, und man muss sich um sie bemühen, manchmal gar um sie ringen – immer wieder –, um den Bewertungen »von außen« standzuhalten. Aber das Bekenntnis zur neuen Sichtweise lohnt sich:

- Ja, ich bin bereit, in den Schwächen meines Kindes Stärken zu sehen!
- Ja, ich bin bereit, dieses Kind unterstützend zu begleiten, anstatt korrigierend an ihm »herumzuschrauben«!

Widerstände gegen ein »Anders-Sehen«

Wie unterschiedlich Menschen zum Neu- beziehungsweise Anders-Denken stehen, zeigt das chinesische Sprichwort vom Wind der Veränderung: Wenn der wehe, so heißt es, reagierten die einen Menschen mit dem Bau von Mauern, die anderen mit dem Bau von Windmühlen. Wenn Sie, liebe Leser, die Windmühlen zumindest in Erwägung ziehen, empfehle ich Ihnen das folgende Kapitel.

Die Macht der Gewohnheit und der gängigen Meinung

»Das haben wir schon immer so gemacht!« Glücklicherweise wissen wir nicht, wie viele gute neue Gedankengänge und Ideen durch dieses Totschlagargument schon im Keim erstickt wurden. Was wir aber wissen: Es ist ein mächtiges Argument! Kurt Tucholsky hielt zwar dagegen: »Erfahrung heißt gar nichts. Man kann seine Sache auch 35 Jahre schlecht machen.« In den

Augen vieler Menschen aber kann das, was wir »schon immer so« gemacht haben, nicht ganz falsch sein. Und so geht es dann eben auch mit den Bewertungen von Verhaltensweisen und Temperamenten. Der rührige Mensch ist besser angesehen als der träge, der heitere besser als der trübsinnige, der beherrschte besser als der jähzornige.

Wunderbar zeigt sich dies auch in den bekannten Redensarten und Sprichwörtern, die oft unangreifbar scheinen:

»Morgenstund hat Gold im Mund.«
»Abends werden die Faulen fleißig.«
»Der frühe Vogel fängt den Wurm.«

Eine Hommage an die Frühaufsteher, eine grandiose Wertschätzung gegenüber all denen, die am Morgen schon aktiv sind, und eine heftige Klatsche für Morgenmuffel, Spätaufsteher, Nachtaktive!

Der deutsche Kabarettist Hagen Rether entlarvt passend: »Der frühe Vogel fängt halt nur den frühen Wurm.«[28]

Ein weiteres Sprichwort weist selbst schon auf die Ursachen dieser Bevorzugung hin:

»Wer den Fuchs fangen will, muss mit den Hühnern aufstehen.«

Klar, der schon! Aber wer den Fuchs eben nicht fangen will, sondern den Marder oder ein anderes nachtaktives Tier, oder wer überhaupt niemanden fangen will, sondern nur einfach sein Arbeitspensum in der für ihn günstigsten Zeitspanne erledigen – der sollte seine Kräfte nicht schon am frühen Morgen vergeuden.

Warum feiern dann all diese Lebensweisheiten die tatkräftigen Morgenmenschen so über die Maßen?

Sprichwörter und Redensarten antworten auf die Bedürfnisse der jeweiligen Zeit. In Zeiten, in denen viele Menschen von der Landwirtschaft lebten, hatte es sehr wohl einen Sinn, den Arbeitsbeginn am frühen Morgen gutzuheißen.

Aber heute?

Schauen wir uns noch ein paar der klugen Sätze an: »Wer sich in die Gefahr begibt, kommt in ihr um« vs. »Wer nichts wagt, gewinnt nichts«.

»Müßiggang ist aller Laster Anfang« vs. »Wer nicht richtig faulenzen kann, kann auch nicht richtig arbeiten«, »Wer langsam geht, kommt auch zum Ziel«, »Wer warten kann, hat viel getan«.

Genau: »Jedes Ding hat zwei Seiten.«

»Die andere Seite der Medaille« sollte gedanklich nicht übersehen werden, auch wenn genau sie etwas gewöhnungsbedürftig erscheint. Und die Skeptiker auf den Plan ruft. »Hier wird doch nur schöngeredet, was nicht schön ist!«, kritisieren sie heftig. Entgegnen wir ihnen doch vielstimmig: »Nein, hier wird nicht schöngeredet! Hier wird neues Denken praktiziert! Und neues Denken ist ein Zeichen von geistiger Beweglichkeit.«

Die Macht von »Experten«-Ratschlägen

Der britische Philosoph, Mathematiker und Logiker Bertrand Arthur William Russell hat sich mit einem Satz in mein Herz philosophiert: Es sei ein Jammer, meint er, dass ausgerechnet die Dummköpfe so selbstsicher und die Klugen so voller Zweifel seien. Dieser Satz rettet mich immer dann, wenn wieder einmal um mich herum – im Lehrerzimmer, im Bekanntenkreis, im Fernsehen, im Internet … – voller Überzeugung Dinge behauptet und Weisheiten verkündet werden, denen ich sehr kritisch gegenüberstehe. Woher, frage ich mich, nehmen Menschen diese Sicherheit? Woher stammt ihr dröhnendes Selbstbewusstsein, das sie Stammtischparolen wie wissenschaftliche Erkenntnisse verkünden lässt? Während ich mir zum besagten Thema schon hundert Gedanken gemacht habe und immer noch Argumente abwäge, wissen diese Menschen längst Bescheid.

Manchmal hilft mir dann die Vorstellung von den Flach-

und den Tiefdenkern. Flachdenker gehen gedanklich nicht in die Tiefe, machen sich nicht viele eigene Gedanken, belassen es beim Nachplappern von Vorgefertigtem – und brauchen demnach auch nicht viel Zeit, um ein Urteil zu fällen. Tiefdenker hinterfragen und hinterfragen, arbeiten sich denkend immer mehr in die Tiefe, haben demnach vieles abzuwägen, zu berücksichtigen, entdecken plötzlich wieder ein Gegenargument – und brauchen viel Zeit, um sich ein Urteil zuzutrauen.

Entscheiden Sie selbst: Wollen Sie ein Flach- oder ein Tiefdenker sein? Sind Sie bereit, die Dinge zu hinterfragen?

Es stimmt ja: Gerade unerfahrene Eltern lechzen nach Unterstützung durch die, die schon mehr Erfahrung haben. Und schon sind sie da, die Ratschläge, die sich so oft wie Schläge anfühlen:

»Wenn er so schüchtern bleibt, wird er sich im Leben nicht durchsetzen können.«

»Versucht es doch mal mit Ritalin! Das hat unserem Kind sehr geholfen, nicht mehr so hibbelig zu sein und sich besser konzentrieren zu können.«

»Wenn die in der Schule nichts tut, müsst ihr eben Druck machen. Das brauchen die Kids manchmal eben.«

Wer selbst unsicher ist und sich solchen »Expertenmeinungen« ausgesetzt sieht, neigt dazu, ihnen Glauben zu schenken. Die haben doch selbst ältere/mehrere/gut geratene Kinder, die müssen es doch wissen!

Und dennoch gilt: Jedes Ding hat zwei Seiten.

Das müssen wir uns immer wieder bewusst machen. Besonders dann, wenn ein Mitmensch die »Das haben wir schon immer so gemacht!«- oder die »Bei meinen Kindern hab ich da nicht lange gefackelt!«-Keule schwingt. Oder eben, wenn sich die ganze Verwandtschaft einig ist, dass das Kind viel *zu* eigenwillig oder viel *zu* wenig durchsetzungsfreudig sei.

Warum es sich lohnt, Stärken in den Schwächen zu sehen

Wer nicht immer der gängigen Meinung folgt, ist generell freier, hat viel mehr Möglichkeiten – und befindet sich in guter Gesellschaft. Große Denker, Wissenschaftler, Erfinder und Entdecker mussten allesamt nonkonform durchs Leben gehen, sonst hätte es ihre Errungenschaften nicht gegeben.

Was das Thema dieses Buches angeht: Natürlich möchte ich Eltern nicht dazu aufrufen, sich als neue Sichtweise eine gänzlich unkritische zuzulegen und *alles* an ihrem Kind gutzuheißen. Was ich aber sehr wohl möchte: eine neue Sicht anregen, eine Sicht auf das Positive!

Umdenken als Lebensprinzip

In seinem Buch *David und Goliath* sagt Malcolm Gladwell, jeder Mensch könne extreme Schwächen, wie körperliche Behinderungen oder Lernschwierigkeiten, in Stärken umkehren. Gerade durch die Schwächen würden »Dinge möglich, die andernfalls vielleicht unmöglich gewesen wären«. Gladwell weist darauf hin, dass Menschen in schwierigen Situationen ihr Handeln besser kontrollieren und so mehr aus sich herausholen.[29]

Erfordert diese Botschaft schon eine gewisse Art des Umdenkens, so praktiziert der Sozialpsychologe Simon M. Laham in seinem Buch *Der Sinn der Sünde* ein weitaus umfassenderes Anders-Denken.[30] In einem Streifzug durch die Geschichte zeigt er auf, dass in den westlichen Kulturen bis heute moralische Leitlinien gelten, die sich auf das Zusammenleben in den Klöstern des Mittelalters beziehen, und zwar unabhängig davon, wie sehr Menschen sich dem christlichen Glaubenssystem verbunden fühlen. So gehören auch die sieben Todsünden Wollust, Völlerei, Habgier, Trägheit, Zorn, Neid und Hochmut, aus denen vielerlei Charakterschwächen abgeleitet werden können, zur westlichen Zivilisation. Laham stützt sich auf zahlreiche und umfangreiche sozialpsychologische Experimente, die von Wissenschaftlern auf der ganzen Welt durchgeführt wurden. Er verschweigt nicht die dunklen Seiten der Todsünden, betont aber auch deren bisher totgeschwiegenes positives Potenzial. So zeigt er zum Beispiel, dass die Trägheit dem Gehirn kreative Problemlösungen verschafft. Ja, man kann so etwas vermeintlich Unangreifbares wie das Sündigen auch anders sehen!

Dass man die Dinge immer etwas anders betrachten kann, zeigen einige Gedankenspiele:

»Erfolg ist nicht immer das, was man auf den ersten Blick sieht!«, heißt es in einer Karikatur. Und wir sehen das wunderbar kräftige Kraut einer Möhre neben einem sehr schwächlichen. Wer nicht bereit ist, die Dinge zu hinterfragen, wird ohne zu zögern am starken Kraut ziehen – in der sicheren Erwartung eines guten Ertrags. Nur leider hängt da nur eine winzige Möhre dran. Der wahre Schatz, eine kräftige, schöne Möhre, ist am schwächlichen Kraut gewachsen. Ja, der erste Blick ist nicht immer der richtige!

In einer anderen Karikatur sehen wir zwei Gefangene in ihrer Zelle. Beide malen, beide haben den Blick in Richtung Zellenfenster gerichtet, doch beide malen völlig Unterschiedliches: Der eine bannt das Gitter des Fensters auf die Leinwand, der andere die wunderschöne Landschaft hinter dem Gitter. Und wieder: Man kann die Dinge so und so sehen!

Heilsam finde ich auch die auf den Kopf gestellte Weltkarte. Wenn plötzlich Australien, Südafrika und Südamerika »oben« sind und Europa irgendwo unten fast verschwindet, dann ist man fast bestürzt ob der Erkenntnis: Ja, man kann das auch anders sehen!

Umdenken als Prinzip der systemischen Psychotherapie

Im Abschnitt »Das Selbstkonzept« in Kapitel 3 haben wir gesehen, wie hartnäckig Menschen bei ihrem einmal gewonnenen Selbstkonzept bleiben. Dabei können sie ihr eigenes Lebensskript jederzeit umschreiben. Wenn sie anerkennen, dass es lückenhaft und einseitig ist. Und wenn sie bereit sind, ihm durch eine andere Sicht und Bewertung eine neue Richtung zu geben.

Die Psychologie hat sich in den letzten Jahrzehnten um neue Theorien und Techniken bemüht, die diesem Umstand Rechnung tragen. So kam es beispielsweise zum *Reframing* (re = neu, frame = Rahmen). Das Reframing geht davon aus, dass die Bedeutung, die man dem Verhalten eines Menschen gibt, zentral ist. Im Rahmen des Reframing versucht man nun, dem Verhalten weitere Bedeutungen zu geben, einen anderen Blickwinkel zu finden und somit eine neue Perspektive einzunehmen. Das Bild wird sozusagen neu gerahmt.

Der Sozialpsychologe Timothy Wilson erarbeitete dazu in zahlreichen Untersuchungen zwei Hauptmethoden: die eigene Geschichte redigieren und die Erzählrichtung ändern.

Die eigene Geschichte lässt sich auf diese Weise redigieren:

- in Distanz gehen, wie ein neutraler Zuschauer auf das Belastende schauen,
- sich vorstellen, wie die Welt aussähe, wenn wir nicht da gewesen wären,
- die eigene Lebensgeschichte aufschreiben,
- die eigenen Glaubenssätze überprüfen.

Die Erzählrichtung lässt sich folgendermaßen ändern:

- sich durch – manchmal nur kleine – Anstöße von negativen Zuschreibungen befreien, die man seit der Kindheit mit sich herumschleppt,

- die eigene Geschichte als potenzielle Erfolgsgeschichte sehen.

Wer bereit ist, seine Lebensgeschichte auf selbststärkende Weise zu reflektieren, lebt nicht mehr mit dem Gefühl, dass er die Dinge passiv hinnehmen muss, sondern kann sich endlich als eigener »Chef« in seinem Dasein erleben.

Selbstverständlich gibt es auch hier Kritiker, die von Schönreden, von Schönfärberei sprechen. Dabei geht es doch nur um die Bereitschaft, die Dinge immer wieder zu hinterfragen und in einem anderen Licht wahrzunehmen.

Ein kleines Beispiel, wie Eltern das Reframing im Umgang mit ihrem Kind praktizieren können: Das Kind zieht sich morgens vor dem Kindergarten sehr langsam die Schuhe an. Man kann dem die Bedeutung geben, dass es die Eltern ärgern will. Man kann aber auch sagen: Eigentlich ist es schön, dass mein Kind versucht, noch möglichst viel Zeit mit mir zu Hause zu verbringen. Reframing ist somit der Abschied von der Defizitperspektive und die Hinwendung zu Chancen und Möglichkeiten.

Ausgehend von der Erkenntnis, dass Worte viel bewirken können, gibt es in der ressourcenorientierten Therapie zudem den Ansatz »Von der Problemsprache zur Lösungssprache«. Eine achtsame Wortwahl kann nach diesem Ansatz viel bewirken:

- Die Aufmerksamkeit richtet sich bewusst auf die positive Absicht hinter einem bestimmten Verhalten.
- Kreativere Lösungen für Probleme können gefunden werden.
- Eine achtsame Wortwahl macht dem Menschen Hoffnung.
- Sie wirft neue Lösungen auf, ohne das alte Anliegen aus den Augen zu verlieren.

Umdenken als Quell der Zuversicht und Freude

Die Weisheitsforscherin Judith Glück nennt als eines von fünf Prinzipien des gelingenden Lebens und somit als Ressourcen für ein besseres Leben die Offenheit für neue Perspektiven.[31]

Ja, wer sich nicht immer nur gängigen Denk- und Meinungsmodellen anschließt, kann mehrfache Freude erleben: erstens die Freude, nicht mit der großen Menge zu laufen und sich selbst als frei denkend zu erleben; zweitens die Freude, das unkonventionelle Denken in Zukunft auf alle möglichen Bereiche anwenden zu können; und drittens die Freude, sich nicht länger von Mainstream-Schreckensszenarien in Angst und Schrecken versetzen zu lassen.

Und wer grundsätzlich bereit ist, im Schlechten auch das Gute zu sehen, gewinnt enorm – an Weitsicht, an Toleranz und an Zuversicht. Darin bestätigt mich auch die 2011 früh verstorbene Expertin für gehirngerechtes Lehren und Lernen, Vera F. Birkenbihl. Immer wieder schaue ich gerne in ihre Bücher und Filmmitschnitte. Kürzlich bin ich auf ihren Vortrag »Der kleine Weg zum großen Selbst« gestoßen.[32] Und siehe da: Die Bestsellerautorin hält ein leidenschaftliches Plädoyer fürs Anders-Sehen von Schwächen und Stärken. Ihr Credo: »Kühner, als das Unbekannte zu erforschen, kann es sein, das Bekannte zu bezweifeln.« Sie erzählt freimütig, wie das gehen kann: Viele Jahre ihres Lebens hat sie extrem unter ihrem vermeintlich schlimmsten Fehler gelitten: *zu* viel zu reden – so das durchaus aggressiv gefällte Urteil einiger Mitmenschen. Dieses Fremd-Urteil hat sie übernommen und versucht, ihren »Fehler« zu bekämpfen, immer wieder. Ohne Erfolg. Bis sie durch einige Denkanstöße eines klugen Mannes ihre Sichtweise ändern konnte. Dieser sagte ihr:

1. Wenn du regelmäßig mit einem Problem bei dir kämpfst und es nicht bekämpfen kannst, ist es wahrscheinlich ein

Teil dessen, was zu deinem Charakter oder deiner Persönlichkeit gehört.
2. Es gibt kein Gut und Böse. Es gibt nur Schwächen im Hinblick auf ein bestimmtes Wertesystem.

Nicht uninteressant, was dieser Mann ihr außerdem mit auf den Weg gab: Ob es nicht sein könne, dass das, was ihr vorgeworfen wurde, eigentlich das Problem der Bemängler selbst gewesen sei? Denn wenn sie selbst gerne geschwiegen hätten, hätte es sie ja nicht gestört, zuhören zu müssen. »Vermutlich haben sie in dir das bekämpft, was sie in sich selber nicht akzeptiert hatten«, so Birkenbihls Ratgeber, der ihr noch einen weiteren Denkanstoß gab: »Freu dich, du hast die Fähigkeit, frei zu formulieren, um die dich viele Menschen beneiden!« Erst in diesem Moment wurde Birkenbihl bewusst, dass sie es *so* noch nie gesehen hatte. Im Vortrag weist sie lachend darauf hin, dass es ihr dann immerhin gelungen sei, einen Beruf zu wählen, in dem man ihr fürs Reden viel Geld zahlt.

Kurz nachdem ich das Birkenbihl-Video gesehen hatte, erschien in der *Süddeutschen Zeitung* ein großes Interview mit der Talkshow-Moderatorin Anne Will.[33] Zu lesen gab es da unter anderem: »Ich war dieses Kind, das unablässig redete. Ich weiß, dass ich meiner Mutter damit furchtbar auf den Geist ging, weil ich permanent quasselte über alles, was ich in der Schule erlebt hatte, und alles, was mir durch den Kopf ging ... Mein Vater beharrt deswegen bis heute auf der These, dass ich damit schon sehr früh gezeigt habe, wo meine berufliche Entwicklung mal hingehen würde.« Noch eine, die später fürs Reden bezahlt wurde.

Wenn Sie, liebe Leserinnen und Leser, nun also bereit sind, sich tiefer und weiter gehend mit den Stärken in den Schwächen zu beschäftigen, dürfen Sie sich allein für diese Bereitschaft bei den Tiefdenkern einordnen, bei denen, die Bertrand Russell als »die Klugen« und Judith Glück als die »Weisen« bezeichnet.

Und sollte Ihnen ein lieber Mitmensch oder eine innere Stimme doch noch den Vorwurf des Schönredens von Negativem machen, seien Sie gewappnet. Vielleicht hilft Ihnen das folgende Beispiel als Argumentationshilfe:

> **Schönrede-Vorwurf:**
> Wenn jemand langsam ist, ist dies nun mal schlecht. Der Langsame muss sich an das Tempo der anderen anpassen, sonst kommt er in der Schule und später im Beruf nicht zurecht. Da gibt es nichts zu beschönigen.
>
> **Antwort:**
> Es ist ein Unterschied, ob man sagt: »Du bist *zu* langsam. Du musst unbedingt schneller werden«, oder ob man sagt: »Du bist zwar eher langsam und das kann dir manchmal Schwierigkeiten bereiten. Aber es wird immer wieder Momente geben, wo genau diese Eigenart von Vorteil ist. Langsam zu sein ist nicht nur schlecht. Und es ist wichtig, darauf zu achten, wo dies von Vorteil sein kann – im Beruf, in der Partnerschaft, im Freizeitbereich.«

Was Eltern aus der neuen Sichtweise lernen können

Wie Eltern ihr Verhalten ändern können

Ich höre sie schon, die ungläubigen Fragen: Soll ich jetzt plötzlich jedes Verhalten meines Kindes gutheißen? Soll ich es loben, wenn es faul, laut und unverschämt ist? Wie soll ich ihm überhaupt eine Richtlinie geben, wenn ich rein gar nichts abwerten darf, wenn alles, was ich schlecht finde, im Grunde doch etwas Gutes sein soll? Damit sind wir bei der Bedeutung der inneren Haltung eines jeden Menschen angekommen.

Für jegliches menschliche Verhalten spielt die Einstellung, die innere Haltung, eine zentrale Rolle. Die innere Einstellung, Gehorsam gegenüber Autoritäten sei dringend geboten, wirkt sich auf das außen sichtbare Verhalten aus, die Einstellung, äußerer Erfolg sei fürs Lebensglück zentral, ebenso, und die Einstellung, manche Menschen seien mehr wert als andere, sowieso.

Oft ist uns unsere innere Haltung nicht bewusst. Wir handeln nach bestem Wissen und Gewissen – so, wie wir es schon immer gemacht haben, so, wie es unsere Eltern uns vorgelebt haben, so, wie Menschen es tun, die uns als Vorbilder geeignet scheinen.

Wir sollten also unsere innere Haltung wichtig nehmen – und sie kritisch überprüfen: Wollen wir wirklich das Beste für unser Kind oder wollen wir das, wovon wir selbst überzeugt sind, dass es das Beste sei? Wollen wir wirklich, dass das Kind mit sich im Reinen ist oder wollen wir, dass wir dank seines Erfolgs vor anderen Menschen punkten? Wollen wir, dass wir dank unserer wohlerzogenen Kinder im Freundeskreis gut angesehen sind, oder wollen wir, dass unsere Kinder dank unserer Erziehung ganz nah bei sich selbst sind und nicht einfach nur unsere Erwartungen erfüllen?

Solche kritischen Fragen und noch viele ähnliche empfehle ich dringend. So können wir unserer inneren Haltung auf die Spur kommen – wenn wir das wirklich wollen! Wenn wir uns selbst gegenüber ehrlich sind. Wenn wir bereit sind, auch das weniger Sympathische an uns selbst wahrzunehmen.

> Manchmal habe ich das Gefühl, ich kann mein Kind nicht fit für die Schule machen. Manchmal habe ich Bedenken, was sein weiteres Leben betrifft. Aber dann muss ich wieder schmunzeln, weil mein zehneinhalb Jahre alter Bursche mit seiner Fröhlichkeit – er kann sich aus allem einen Spaß machen –, seinem übergroßen Be-

wegungsdrang und seiner schulisch unpassenden Kommunikationsfreude nicht so ganz in dieses schulische System passen will. Aber – ehrlich gesagt – finde ich ihn toll, wie er ist. Denn was gibt es denn Besseres, als Spaß im Leben zu haben! Notentechnisch war er daher bisher leider nicht so toll. Aber dank dieser etwas anderen Betrachtungsweise kann ich daran glauben, dass es durchaus noch etwas werden kann mit meinem süßen Chaoten.

Tatjana Brand, 46, Redakteurin

Wie schön, dass diese Mutter in ihrem Denken schon so weit ist, die Stärken in den »Schwächen« ihres Kindes zu erkennen! Ich selber war erst neulich wieder stark irritiert. Ich ertappte nämlich einen mir nahestehenden Menschen beim »Faul-Sein«. Im ersten Moment spürte ich einen Stich. Das Gedankenkarussell setzte sich in Fahrt: Du meine Güte, wusste diese Person denn nicht, dass man fleißig sein musste, um gewisse Dinge zu erreichen? Sie hatte doch selbst gesagt, wie wichtig ihr die besagte Sache war! Was war denn auf einmal in sie gefahren? Ich spürte, wie ich in das alte, längst überwunden geglaubte Denkmuster verfiel: Die muss mehr tun! Muss ich ihr nicht ein wenig Druck machen – zu ihrem Besten?

Doch dann machte ich mir zum hundertsten Mal die veränderte Haltung bewusst: Wer weiß, ob das als Faul-Sein wahrgenommene Verhalten, die Schwäche also, nicht doch auch ihr Gutes hatte, vielleicht also eine Stärke war? Wer weiß, ob es wirklich das Richtige gewesen wäre, in diese eine Sache so viel Energie zu stecken? Wer weiß, ob die Energie nicht an anderer Stelle viel besser eingesetzt werden könnte? Wer weiß, ob dieses Faul-Sein der besagten Person nicht genau die Kraftreserve verschaffen würde, die sie kurz darauf brauchen würde? Wer weiß, ob ihr die grundsätzliche Gelassenheit, die es ihr möglich machte, in dieser einen Hinsicht faul zu sein, nicht eine Lebensqualität bescherte, die ich mir selbst, eifrig, wie ich war, gar nicht vorstellen konnte?

Mein Appell also an die Eltern: Wenn Sie an Ihrem Kind ein Persönlichkeitsmerkmal entdecken, das Sie selbst als Schwäche verbuchen, oder wenn von anderer Seite eine Schwäche an Ihrem Kind diagnostiziert wird, investieren Sie Zeit und Energie:

- Schauen Sie zweimal hin: Ist das, was Sie so kritisch bewerten, wirklich eine Schwäche oder kann man es auch anders sehen?
- Überwinden Sie sich und alles, was Sie vom Anders-Denken abhalten möchte, und betrachten Sie die vermeintliche Schwäche genau: Nehmen Sie sich Zeit. Lesen Sie zum Thema. Unterhalten Sie sich dazu – aber nur mit bestimmten Personen, mit solchen, die denkfreudig sind!
- Seien Sie misstrauisch gegenüber Menschen, von denen Sie wissen, dass sie immer alles sehr schnell und ganz genau wissen! Im Zweifel meiden Sie Gespräche mit ihnen lieber.
- Machen Sie sich nun die Mühe und hinterfragen: Welche Qualität steckt in der Schwäche? Inwiefern hilft sie dem Kind jetzt, sein ganz persönliches Leben zu führen – sofern niemand es abwertet? Inwiefern kann sie dem Kind später helfen, in Partnerschaft, Beruf, Freundeskreis usw. gut zurechtzukommen – auf seine höchstpersönliche Art und Weise?
- Wenn Sie zu dem Schluss kommen, dass in der von Ihnen oder von anderen diagnostizierten Schwäche eine Stärke steckt, nehmen Sie dies nicht nur zur Kenntnis. Betrachten Sie diese Erkenntnis als etwas sehr Wesentliches. Tun Sie alles dafür, dass Sie diese Erkenntnis nicht vergessen oder verdrängen.
- Wenn Sie Sorge haben, dass man Ihnen diese mühsam gewonnene andere Sicht wieder ausreden könnte oder dass Sie selbst sie im Eifer des Tagesgeschäftes wieder aus den Augen verlieren, notieren Sie die Erkenntnis in einer Art Glaubens-

satz schriftlich und halten Sie den besagten Zettel stets verfügbar. So ein Glaubenssatz könnte sein:
Wer faul sein kann, kann auch gelassen bleiben.

Obwohl mich meine Lebenserfahrung, viele Gespräche und die Lektüre von Fachliteratur zu einem bekennenden Gegner der *Zu-*…*-Bemängelung* gemacht haben, hier ein weiterer, dringender Appell: Vernachlässigen Sie unter keinen Umständen das folgende Kapitel! Lesen Sie es bitte genau, denn zum Tiefdenken und Klug-Sein gehört auch, dass man sich mit den Gefahren von Denk- und Verhaltensweisen beschäftigt. Damit Missverständnisse und Kummer vermieden werden!

Worauf Eltern aufpassen müssen

Unsere Kinder, unser eigen Fleisch und Blut, diese Wesen, die wir mit Liebe und allergrößtem Bemühen großziehen … wir Eltern erwarten ja schon ein bisschen, dass die etwas Besonderes sind. Schließlich sind wir selbst ja auch etwas Besonderes! US-amerikanische Psychologen untermauerten dies durch eine Untersuchung: Viele Eltern überschätzten ihre Kinder tatsächlich. Und sie überschätzten sich selbst. Sie hielten sich für besser und fähiger als andere Eltern.[34]

Mangelnder Realismus, der gut durchs Leben trägt, solange daraus nicht komplette Betriebsblindheit wird. Weil es aber so ist, dass viele Eltern ihr Kind in verklärtem Glanze sehen, ist mir dieses Kapitel so wichtig. Immer wieder – nicht nur, aber auch in meiner Eigenschaft als Lehrerin – begegnen mir Menschen, die sich den Beifall von der falschen Seite erhoffen, nämlich von *meiner*. Falsche Seite deswegen, weil ich eben trotz meiner Ansichten zu den Stärken in den Schwächen kein Fan von Verhätschelung und »Egomanen-Aufzucht« bin. Und auch deshalb, weil ich auf keinen Fall schuld daran sein möchte, dass Eltern die Augen verschließen vor Eigenarten und Wesenszügen, die deshalb *zu* ... sind, weil sie möglicherweise – psychisch oder physisch – krankhaft sind und der Behandlung bedürfen. Ich bitte also darum, sehr genau hinzusehen! Die »andere« Sichtweise darf kein Freibrief für die Rechtfertigung jedes von außen negativ bewerteten Verhaltens sein.

Zielführende Denkanstöße sind hier:

- Hat das Kind Schwierigkeiten wegen seiner »Schwäche« – jetzt oder womöglich auf seinem weiteren Lebensweg?
- Schadet das Kind mit seiner »Schwäche« anderen?
- Und die ganz große, schwierige Frage: Wo lohnt es sich gegenzusteuern, ohne dabei abzuwerten?

Viele Mütter und Väter kennen das: Sie sind im Reinen mit ihrem Sprössling, aber von außen wird etwas bemängelt. Eltern reagieren dann gerne mit Abwehr. Die Mäkler sind blöd, wahlweise auch unfähig, ungerecht, unsympathisch. Auch ich kenne den Impuls nur zu gut, Kritiker meiner Kinder erst mal abzulehnen. Schauen Sie trotzdem genauer hin:

- Wehren Sie die Kritik nicht prinzipiell ab. Es könnte sein, dass jemand von außen rechtzeitig den Finger in eine Wunde legt, die ohne entsprechende Behandlung immer weiter aufreißen, bei angemessener Reaktion aber auch sehr schnell heilen kann.
- Bedenken Sie: Sie müssen Ihr Kind nicht grundsätzlich ändern, wenn irgendetwas nicht rund läuft. Oft hilft es, ein besonderes Augenmerk auf die besagte wunde Stelle zu richten.
- Wenn Sie als Mutter und/oder Vater aber bei genauer, kritischer und ehrlicher Betrachtungsweise den Eindruck haben, mit Ihrem Kind, das immer wieder von außen bemängelt wird, läuft tatsächlich alles rund:
  – Stärken Sie Ihr Kind, so gut es geht!

- Schaffen Sie Gelegenheiten, bei denen Ihr Kind die Schokoladenseite seiner vermeintlichen Schwäche ausleben kann.
- Nehmen Sie die Gefühle Ihres Kindes ernst. Sätze wie »Du brauchst doch keine Angst zu haben!«, »Sei nicht so wütend!« oder »Du musst halt einfach schneller werden« sind nicht nur nicht hilfreich, sondern kontraproduktiv.

Es gibt aber auch den anderen Fall: Wir Eltern blicken auf unser Kind und sehen ganz klar, dass es zwar in seinem So-Sein liebenswert und für uns selbst okay ist. Wir sehen aber auch, dass dieses Kind immer wieder Schwierigkeiten wegen dieses So-Seins bekommt, in der Schule oder mit Freunden. Wir ahnen, dass es später am Arbeitsplatz oder in der Beziehung Probleme bekommen wird. Wir sehen, ahnen und wollen das Kind nicht zusätzlich schwächen.

Wichtig ist hier, dem Kind zu helfen, ohne ihm das abwertende Gefühl zu vermitteln: »Du bist *zu* …!« Sagen Sie zu Ihrem Kind also zum Beispiel nicht: »Du bist *zu* langsam!«, sondern: »Du bist in deiner Klasse wohl bei denen, die relativ langsam arbeiten, und wirst von deiner Lehrerin deshalb immer wieder ermahnt. Vermutlich meint sie es gut mit dir, vielleicht denkt sie, dass du mal in deinem Beruf nicht mit der Arbeit fertig wirst. Auch wenn ich als deine Mutter/dein Vater es nicht schlimm finde, dass du langsam arbeitest, könnten wir uns etwas überlegen: Kannst du es schaffen, ein wenig schneller zu werden? Wie könnte dir das gelingen? Auf jeden Fall sage ich dir: Der Tempo-König musst du meinetwegen ganz bestimmt nicht werden!«

Konkrete Vorschläge hierzu:

- Schaffen Sie Gelegenheiten, in denen Ihr Kind trainieren kann, an den Schwächen zu arbeiten, ohne sich abgewertet zu fühlen.
- Begleitend: Schaffen Sie unbedingt auch Gelegenheiten, bei denen es die Stärken in den Schwächen ausleben kann.

- Sagen Sie sich selbst immer wieder: Auch wenn viele anderer Meinung sind – ich sehe sehr wohl die Stärke in der »Schwäche« meines Kindes. Auch wenn viele nicht diese Weitsicht haben – ich kann mir sehr gut vorstellen, wie diese »Schwäche« eines Tages meinem Kind nutzen wird. Ich sehe sehr wohl, was die anderen kritisieren, und es ist mir auch klar, dass sie nicht ganz unrecht haben, aber es gibt eben die positive Seite dieser »Schwäche« auch.

Nicht verschweigen möchte ich auch den extremsten Fall: Eltern sehen auf ihr Kind und können die Augen irgendwann nicht mehr vor der Tatsache verschließen, dass das Kind in seinem So-Sein Schaden anrichtet. Schaden an sich selbst, Schaden aber auch an seinen Mitmenschen. Weil es rücksichtslos ist oder die Grenzen der anderen missachtet.

Wenn wir Eltern also nach genauem und ehrlichem Betrachten zu dem Schluss kommen, dass etwas gewaltig schiefläuft, wäre ein Schönreden fatal.

Zielführende Denkanstöße sind hier:

- Wollen wir als Eltern vielleicht nur die Augen verschließen vor der Tatsache, dass wir Erziehungsfehler machen oder gemacht haben?
- Gehen wir als Eltern vielleicht der großen Herausforderung der Erziehungs*arbeit* aus dem Weg, indem wir alles gutheißen, was unser Kind macht?
- Können wir das Steuer noch herumreißen, obwohl wir schon lange in die falsche Richtung gesegelt sind?
- Kann uns der fachkundige Rat eines oder mehrerer Experten helfen, da wir Eltern zur Betriebsblindheit neigen, wenn es um unser Kind geht?
- Kann uns vielleicht auch schon das Gespräch mit einem besonnenen, erfahrenen Mitmenschen helfen?
- Wie können wir die Richtungsänderung mit unserem Kind

ganz bewusst thematisieren? Wie halten wir die Konflikte aus, die zwangsläufig entstehen werden? Welche Experten können uns gegebenenfalls unterstützen?

Ein gar nicht so seltener Sonderfall: Den Eltern wird schmerzhaft bewusst, dass das Kind Eigenschaften, Eigenarten, Temperaments- und Persönlichkeitsmerkmale an den Tag legt, die sie an sich selbst oder ihrem Partner bislang als Schwächen erlebt haben.

Eine Freundin gibt offen zu: »Manchmal ertappe ich mich dabei, wie ich regelrecht lauere, ob mein Sohn seinem Vater in seiner etwas trägen Art ähnelt. Und wenn ich zu dem Schluss komme, dass es so ist, macht mich das wahnsinnig.« Dabei lebt sie mit dem Vater ihres Sohnes bis zum heutigen Tage zusammen, in wahrer Liebe vereint, wie mir scheint. Eine andere Freundin hat mir mal mit gequältem Gesichtsausdruck entgegengeseufzt: »Jetzt kommt das alles wieder! Ich hatte gedacht, ich habe es endlich hinter mir!« Ihre Tochter war – wie sie selbst vor vielen, vielen Jahren – extrem schüchtern und litt entsetzlich darunter. Meine Freundin hatte längst zu gutem Selbstbewusstsein gefunden und wusste um die Möglichkeit, dass sich alles gut entwickeln kann. Aber sie empfand das als Wiederholung empfundene Mitleiden als extrem quälend.

Vielleicht sollten wir, wenn wir ähnliche Gefühle erleben, erst mal den anderen Blick auf die Schwächen von uns Eltern selbst anwenden:

Ist es wirklich so schlimm, dass der Partner manchmal etwas antriebslos ist? Bringt das nicht auch wunderbare Ruhe in die Hektik, die wir selbst so oft verbreiten? Ist es wirklich so schlimm, wenn die Tochter so schüchtern ist wie wir früher selbst? Haben wir aus dieser Phase, so unschön sie damals war, nicht auch viel Positives mitgenommen – diese ganz besondere Sensibilität, die uns heute so sehr hilft? Und hat nicht die Tochter geradezu Glück, eine Mutter zu haben, die sie zumindest versteht und ihr mehr zu geben hat als den Satz: »Geh doch mal mehr aus dir raus!«?

Das ist alles leicht gesagt, aber schwer getan. Wenn ich erlebe, wie mein Kind mit seiner »dauerquasseligen Art« alle nervt, auch mich, obwohl ich selbst als Kind keinen Deut anders war, dann ist das eben nicht nur eine Frage des Anders-Sehens, sondern der eigenen Nerven. Ja, man kann als liebende Mutter oder als liebender Vater sehr wohl wissen, dass die Schwäche des Kindes auch eine Schokoladenseite hat, und dennoch an die eigenen Grenzen stoßen.

> Wie ein roter Faden zieht sich durch mein Leben, was an mir nicht in Ordnung ist: Immer schon galt ich als *zu* lebhaft, *zu* unruhig. Meine Eltern meinten es bestimmt gut und wiesen mich deshalb immer wieder darauf hin: »Bleib doch mal ruhig sitzen! Sei doch nicht so unruhig!« Als ich in die 1. Klasse ging und meine Mutter zum ersten Mal die Elternsprechstunde besuchte, bekam sie zu hören: »Immerhin sitzt Simone nun schon manchmal *auf* dem Stuhl!« Aber alle guten Wünsche und alle Bemängelungen haben rein gar nichts geholfen. Ich bemühte mich, ich arbeitete an mir, aber ich blieb immer die Unruhige, manchmal auch Aufbrausende. Immerhin habe ich mit dem Sportstudium etwas gewählt, das zu mir passt, da es mit Bewegung zu tun hat.
>
> Mein neunjähriger Sohn ist mir sehr ähnlich, ich sehe das ganz klar. Leider gelingt es mir nicht immer, das Positive in seiner Unruhe und Lebendigkeit zu sehen. Ich schnauze ihn manchmal entsetzlich an und verstehe dann das Verhalten meiner Eltern mir gegenüber viel besser. Wenn man in der Kindheit so ist, wie ich es war, ist das für die Umgebung eben auch nervend. Inzwischen habe ich aber das Gefühl, dass genau das, was einst *zu* ... war, ver-

hindert, dass ich einroste. Ich bleibe immer in Fahrt und fühle mich jung dabei. Das freut mich.

Simone Mertens, 42, Sportwissenschaftlerin

Mir hilft in solchen Situationen der Satz von den perfekten Eltern, die für das Kind alles andere als förderlich sind. Ja, das Kind darf sehr wohl wissen, dass wir Eltern an unsere Grenzen stoßen und dass es das Kind selbst sein kann, das uns an unsere Grenzen bringt. Wesentlich ist, wie wir damit umgehen! Schwingen wir den Bemängelungsstempel immer wieder? Geben wir dem Kind tatsächlich das Gefühl, es sei mangelhaft? Sind wir bereit, mit dem Kind darüber zu sprechen, was uns so auf die Palme bringt? Auch zuzugeben, was da in uns abläuft? Ihm auch den anderen Blick zu zeigen? Es darauf hinzuweisen, dass es sehr wohl eine Schokoladenseite seiner Eigenart gibt?

Damit Ihnen Letzteres möglich ist, lade ich Sie, liebe Leserinnen und Leser, nun herzlich ein, gemeinsam mit mir konkret die Stärken in den einzelnen Schwächen zu entdecken.

6
Stärken in den Schwächen – ganz konkret

Der Soziologe Niklas Luhmann hat einmal gesagt, man könne alle Tugenden als Laster und alle Laster als Tugenden darstellen. Eine wunderbare Überleitung zu diesem Kapitel!

> Ich wurde als *zu* dünn, *zu* groß, *zu* neugierig, *zu* schlau, *zu* jungenhaft, *zu* sperrig, *zu* anders, *zu* empfindsam und *zu* nett betitelt. Das sind so die Beispiele, die mir einfallen, aber bestimmt gab's noch mehr.
> Für mich waren/sind das immer abwertende Bemerkungen. Manchmal tarnte sich so eine Bemerkung als Hilfestellung: »Wenn du dich etwas weiblicher kleiden würdest, hättest du bestimmt auch mehr Freundinnen/ mehr Verehrer.« Aber ich hab sie nie als positiv empfunden, es hat mich immer negativ getroffen.
> Ich hatte das Glück, eine Mutter zu haben, die mir immer vermittelte: So wie ich bin, bin ich genau richtig. Sie hat mich auch gestärkt, mir solche Sachen nicht so zu Herzen zu nehmen beziehungsweise zu erkennen, dass die Motive, aus denen solche Äußerungen getätigt werden, nur mit dem »Erzeuger« der Äußerung zu tun haben – Neid, eigene Komplexe, Gedankenlosigkeit, was auch immer ... –, nicht mit mir.

Sicher, in jungen Jahren hat man noch nicht die dicke Haut, so was an sich abprallen zu lassen. Klar hab ich mich manchmal wirklich als *zu* ... gefühlt. Ich hatte wenige Freunde, weil ich eben »anders« war. Die Erkenntnis, dass das nichts mit mir zu tun hat, kam erst später, die wächst ja mit dem Alter und dem Selbstbewusstsein. Aber ehrlich gesagt, weiß ich nicht, ob man es jemals ganz schafft, das abzuschütteln oder sich eine dicke Haut zuzulegen, die keine dahin gehenden Verletzungen mehr durchlässt.

Dass man es mit viel Glück schaffen kann, seine vermeintlichen Mängel als Stärken zu nutzen, kann gut sein. Bestimmt kann ich meine Bücher, die viele »ungewöhnlich« finden, nur deswegen so schreiben, weil ich eben bin, wie ich bin.

Mein Sohn hat eine »verrückte« Mutter, um die er oft beneidet wird. Wir haben das Haus voller schräger Möbel und den Kopf voller schräger Ideen, wir erleben ständig ungewöhnliche Sachen auf Reisen (*zu* neugierig!), wir retten Tiere (*zu* nett, *zu* empfindsam!), ich hab nach wie vor nur einige wenige Freunde (*zu* sperrig!), die mögen mich dafür aber so, wie ich bin.

Ich habe gelernt, dass ich eben *so* bin (nicht *zu* irgendwas). Insofern denke ich: Ja, solche Bemerkungen können bei jungen Leuten ganz schön viel kaputt machen, aber man kann damit umgehen lernen und sie manchmal sogar positiv umwandeln. Das Wichtigste ist, dass man sich selber gut findet, wie man ist, und nicht selber ständig an sich rumkritisiert.

Yvonne Hergane, 48, Kinderbuchautorin

Eine wunderbare Entwicklung, die aus den »Schwächen« Stärken werden ließ!

Im Sinne einer einigermaßen klaren Struktur habe ich in diesem Kapitel eine Reihe von »Schwächen« aufgelistet und erläutert. Immer wieder habe ich auch »Schwächen-Pakete« aus dem Inhalt mehrerer Schubladen geschnürt, weil die Eigenschaften, Eigenarten, Temperaments- und Persönlichkeitsmerkmale oft sehr nahe beieinanderliegen. Natürlich kann man diese Pakete kritisch sehen. Und natürlich gibt es mehr als die aufgelisteten »Schwächen« und mehr als nur eine »Schwäche« bei ein und demselben Menschen.

Wenn Sie also ein Kind haben, das laut Aussagen der Schule oder auch in Ihrer eigenen Wahrnehmung zum Beispiel *zu* bequem, *zu* langsam und *zu* verschwätzt ist, grämen Sie sich nicht! Vermutlich gibt es nicht einen einzigen Menschen, der mit nur einer »Schwäche« umfassend beschrieben ist. Entscheiden Sie im Folgenden selbst, welche »Schwächen« für Ihr Kind gelten und wie Sie genau diesem Kind am besten gerecht werden.

Übrigens wäre auch für Albert Einsteins Eltern fast das ganze Kapitel Pflichtlektüre gewesen – ihrem Sohn wurde ein ganzes Potpourri aus schlechten Eigenschaften zugeschrieben: Er galt in jungen Jahren als *zu* verträumt, *zu* ruhig, *zu* langsam, *zu* stur, später dann auch noch als *zu* aufmüpfig. So steckten vielleicht folgende Stärken in Einsteins Schwächen:

Schwäche	Stärke
Er war *zu* verträumt.	Es ging ihm vieles im Kopf herum, er interessierte sich für vieles.
Er war *zu* ruhig.	Er dachte lieber nach, als zu reden.
Er war *zu* langsam.	Er dachte lieber lange und gründlich nach, als übereilt etwas von sich zu geben.
Er war *zu* stur und *zu* aufmüpfig.	Er war nicht bereit, etwas zu tun, nur weil ein anderer ihm das auftrug. Und er war klug genug, um vieles anzuzweifeln.

Zu faul, *zu* bequem, *zu* wenig ehrgeizig

Vermutlich ist dies der Hauptmangel, den man jungen Menschen – früher wie heute – zum Vorwurf macht: dass sie *zu* faul sind. Sie tun einfach nicht genug. Sie lieben es zu chillen. Es mangelt ihnen an Biss, an Ehrgeiz.

Als Lehrerin habe ich selbst in letzter Zeit manchmal das merkwürdige Gefühl, nicht ich müsse die Schüler bei schlechten Noten, die sie sich wegen mangelnder Vorbereitung eingefangen hatten, trösten, sondern sie mich. »So sind wir halt!«, »Ich arbeite einfach nicht gerne für die Schule.«, »Wenn ich nachmittags auch noch lerne, raubt mir das meine Freizeit.« – das sind so die treu- und halbherzigen Erklärungen, die sie mir mit schiefem Grinsen liefern.

Aber auch was frühere Zeiten betrifft, stößt man in mündlichen wie schriftlichen Überlieferungen immer wieder auf den Stempel »*zu* faul«, »Er hatte *zu* wenig Ehrgeiz«, »Sie war einfach *zu* bequem«.

Die vermeintliche Schwäche 👎

Der deutschen Sprichwörter zum Thema sind gar viele:
»Müßiggang ist aller Laster Anfang.«
»Wer rastet, der rostet.«
»Ohne Fleiß kein Preis.«

Ja, Faulheit an sich ist negativ besetzt – bei uns in den westlichen Kulturen. Dies konnte ich neulich wieder einmal feststellen, als ich gemeinsam mit zahlreichen anderen Lehrkräften dem Vortrag einer Referentin lauschte. Es ging um eine gute Beziehung zwischen Eltern und Lehrern. Einer von vielen Tipps lautete, Lehrkräfte sollten versuchen, auch eine so negativ bewertete Eigenschaft wie Faulheit auf ihre positiven Aspekte abzuklopfen, weil sie dann den Eltern der *zu* faulen Schüler positiver gegenübertreten könnten. Die positiven Aspekte wurden eifrig gesammelt, aber am Ende stand doch ein Grundgedanke klar im Raum: Wieso sollen wir Lehrer etwas schönreden, was doch eindeutig negativ ist?

Faulheit wird nun mal gleichgesetzt mit Trägheit, Arbeitsscheu, Phlegma, manchmal auch Nichtsnutzigkeit. Das deshalb, weil Nichtstun als Verstoß gegen die Erfordernisse der Wirtschaft betrachtet wird. Wer nichts tut, trägt nichts zum Profit bei! Wer aber etwas tut, wer den Faulheits-Schweinehund überwindet, der kann sich tüchtig fühlen.

Und dann kommt Laotse, der chinesische Philosoph, und sagt, es werde Ordnung sein, wenn man in allem, was man tue, im Nichttun verweile. Leidgeprüfte Eltern von Kindern, denen die Schule immer und immer wieder ihre Faulheit attestiert, mögen sagen: »Was hilft mir Laotse, wenn mein Kind scheitert und sich hoffnungslos unter Wert verkauft? Wie soll es einen guten Arbeitsplatz, ja einen guten Platz im Leben finden, wenn es bei Prüfungen schlechte Ergebnisse erzielt – aufgrund von Faulheit?«

Diese Gedanken sind auch mir nicht fremd. Ich kann nicht mehr sagen, wie oft sie in meinem besorgten Mutterkopf Karussell gefahren sind und mich zutiefst beunruhigt haben. Aber ich kann sagen, dass es sich immer gelohnt hat, die Sache anders zu sehen, sprich: das Positive im aktuellen Faulheitsmodus meines jeweiligen Kindes zu suchen und zu erkennen.

Die Stärke in der Schwäche

»Ich bin nicht faul, ich bin im Energiesparmodus.« Dieser beliebte Aufdruck auf T-Shirts und Kissenbezügen ist gar nicht so schlecht: »Das beste Burnout-Verhütungsmittel: Nein sagen zu überhöhten inneren Ansprüchen«, heißt es entsprechend im Artikel »Ausgebrannt« von Birgit Schönberger.[35] Diese überhöhten inneren Ansprüche sind ein Markenzeichen der Gewissenhaften, der Ehrgeizigen, der Perfektionistischen. Wer von Haus aus mehr zum Schonmodus neigt, ist demnach weniger gefährdet.

»Müßiggang ist keineswegs aller Laster Anfang, sondern Voraussetzung für unsere geistige Gesundheit«, ist eine der Botschaften des Buches *Öfter mal auf Autopilot* des Kognitionswissenschaftlers Andrew Smart.[36] Muße wirke sich positiv auf das menschliche Gehirn aus, weil sich im Faul-Sein ein riesiges, ausgedehntes Netzwerk bilde.[37] Ergänzend dazu stellt der amerikanische Wissenschaftsjournalist Benedict Carey neue Erkenntnisse der Lernforschung vor und sagt bereits im Titel seines Buches: *Neues Lernen. Warum Faulheit und Ablenkung dabei helfen.*[38]

All diesen Veröffentlichungen gemeinsam ist die Erkenntnis, dass eben nicht nur die Emsigen weiterkommen.

Überhaupt gab es in den letzten Jahren eine Reihe von Veröffentlichungen, die das Faul-Sein aus seiner Schmuddelecke holten. Tom Hodgkinson plädiert dafür, faule Momente der Freiheit ins Leben einzubinden.[39] Manfred Koch lieferte mit *Faulheit. Eine schwierige Disziplin* eine Kulturgeschichte des Müßiggangs und »führt seine Leser in die heikle Kunst der Faulheit ein«, wie es im Verlagstext heißt.[40] Und Thomas Hohensee nennt sein Buch *Lob der Faulheit. Warum Disziplin und Arbeitseifer uns nur schaden.*[41] Beiden Büchern ist die Faulheit auch ein politisches Anliegen. So müssten zum Beispiel Überproduktion und Müllanhäufung – beides Ergebnisse des Tätig-Seins – ein Ende haben.

Es geht also um den Schutz des Individuums vor zu hohem Anspruch an sich selbst, aber auch um die andere Schokoladenseite der Faulheit – den Schutz der Welt vor unnützem Fleiß.

Niemand kann es in seiner Gesamtheit erfassen, was Menschen der Welt schon angetan haben, indem sie eben nicht faul waren: gigantische Bauwerke, Raubbau von Bodenschätzen, kriegerische Auseinandersetzungen ... Wertvolle Ressourcen wurden verbraucht, unberührte Natur wurde vernichtet, Lebensglück wurde zerstört.

Das, was von außen als Faulheit wahrgenommen wird, ist vielschichtig. Ganz abgesehen davon, dass Menschen nicht sesshaft geworden wären, wenn sie nicht irgendwann *zu* faul für das Jagen, das Sammeln, das ewige Weiterziehen geworden wären. Ganz abgesehen auch davon, dass Rechenmaschinen, Taschenrechner und Computer erfunden wurden, weil Menschen *zu* faul zum Selberrechnen waren. Und ganz abgesehen von all den anderen Errungenschaften, die die Menschheit einem »Faulpelz« zu verdanken hat.

Für Eltern lohnt es sich also, differenzierter zu überlegen, warum ihr Kind derzeit *zu* faul wirkt:

- Hinter »zu faul« kann die mangelnde Bereitschaft stecken, die eigene Unlust zu überwinden. Die eigene Unlust auf Dinge, die man als völlig bedeutungslos wahrnimmt – außer eben, dass die Schule diese Dinge sehr wichtig nimmt. Diese Erkenntnis brachte mich oft an meine Grenzen: Wie schrecklich, mein Kind war nicht bereit, etwas zu lernen, was die Schule, was wir Eltern verlangten! Heute erinnere ich mich fast mit Respekt an eines meiner Kinder, das – vom pubertären Leistungsverweigerer längst zum Schüler »mit Biss« und mit Interesse an guten Noten geworden – kundtat: »Für diesen Test werde ich nicht lernen. Die Sechs nehme ich in Kauf. Das ist mir zu blöd.« Das war alles andere als ängstlich, gehorsam und angespannt. Souverän, könnte man sagen, sich nicht abhängig machend. Ich selbst hätte diese Souveränität nicht aufgebracht, mir fehlte als Schülerin der Mut zur Lücke.

- Hinter »*zu* faul« kann stehen, dass man Besseres zu tun hat, als auf Tests zu lernen. Kommunikation im Freundeskreis, Pflege zarter Bande, Online Games, Social Media mit all der Freude und dem Leid, das sie mit sich bringen ... die Versuchungen werden immer größer und vielfältiger. »Was hilft mir das«, fragen sich Eltern jetzt vielleicht, »wenn mein Kind alles andere lieber tut, als für die Schule zu lernen?« Vielleicht tut folgender Gedanke gut: Gab es nicht schon »zu unserer Zeit« und weitaus früher Kinder und Jugendliche, die auf alles Lust hatten außer auf Schule? Wie hätten sie, wie hätten wir selbst uns angesichts der extremen Versuchungen heutzutage verhalten? Hätten wir wirklich standgehalten? Klar, von diesem Gedanken wird das Kind nicht fleißiger, aber unser Verständnis größer. Was zu besserer Stimmung und womöglich auch zu wachsender Motivation führen kann. Sicher ist auf jeden Fall: Wenn wir nur lautstark unseren Unwillen kundtun, ist dies alles andere als konstruktiv.
- Hinter »*zu* faul« kann sich auch das Gefühl der Unzulänglichkeit verbergen, das Gefühl: »Ich kann das doch eh nicht!« Ein Verzagen, eine Art (Selbst-)Aufgabe. Immer dann, wenn ich bei genauerem Hinsehen dieses Gefühl bei einem meiner Schüler entdecke, versuche ich mich in seine Situation

zu versetzen: Wie für ihn Mathe, Physik oder eine Fremdsprache so schwierig erscheint, dass er aufgibt und zu lernen aufhört, könnte es sich für mich anfühlen, wenn man mich dazu zwingen wollte, Chinesisch zu lernen oder einen Marathon zu laufen. In meiner Vorstellung macht sich dann etwas in mir breit, das mir – ehrgeizig und fleißig, wie ich mich eigentlich sehe – komplett fremd ist: Ich ergebe mich kampflos. Ich nehme mir noch nicht mal vor, die Herausforderung anzunehmen. Ich bin lieber faul. Ich stecke lieber Tadel ein. Reiner Selbstschutz! Wenn ich sicher bin, dass eine Herausforderung von mir nicht bewältigt werden kann, ist es schonend und klug, die Segel zu streichen. Und wenn wir erkennen, dass es dem eigenen Kind gerade so ergeht, können wir mit ihm gemeinsam überlegen, wie Anspruch und Fähigkeit besser unter einen Hut zu bekommen sind. Mit einer Faulheitsbeschimpfung ist jedenfalls nichts gewonnen!

Hinter »*zu* faul« kann noch vieles mehr stecken, was so schlecht nicht ist. Eltern entdecken dies aber nur, wenn sie einerseits bereit sind, sich vom herkömmlichen Begriff »*zu* faul« zu verabschieden, und sich andererseits die Mühe machen, sehr genau hinzusehen. In diesem Fall haben sie die Chance, einige Stärken der *zu* Faulen, *zu* Bequemen, *zu* wenig Ehrgeizigen zu entdecken:

- Sie gehen mit ihren Ressourcen ökonomisch um. Sie bringen sich nicht an ihre Grenzen. Ihnen droht kein Burnout. Sie treiben aktive Selbstfürsorge.
- Sie sind in der Lage, Prioritäten zu setzen. Sie arbeiten ökonomisch. Sie haben Mut zur Lücke. Sie sind nicht vom Perfektionismus zerfressen. Sie müssen nicht alles ganz genau wissen.
- Sie sind nicht beherrscht von der Angst vor den Folgen ihrer »Faulheit«. Sie können gelassen bleiben, auch wenn man sie kritisiert.

- Sie sind selbstständig und unabhängig genug, um sich nicht von außen bestimmen und unter Druck setzen zu lassen.
- Sie haben vermutlich andere Interessen als die, die als wichtig erachtet werden. Vielleicht sind diese anderen Interessen irgendwann mal viel wert.
- Sie sind viel mehr bei sich selbst als die, die immer tun, was man ihnen sagt, und deshalb nicht *zu* faul sind.
- Sie leben nicht, um zu arbeiten, sondern sie können die schönen Seiten des Lebens genießen.

Achten Sie in den folgenden beiden Erfahrungsberichten ganz bewusst auf die Stärken in der Schwäche, *zu* faul zu sein. Vielleicht gelingt es Ihnen, einige der genannten sieben Punkte zu entdecken.

> An mir hat man meine ganze Schulzeit über bemängelt, dass ich meine Hausaufgaben nicht gemacht habe, und wenn doch, dann *zu* schlampig und schnell hingerotzt, dass ich Vokabeln, Jahreszahlen, Erdkunde-Stoff nicht gelernt habe. Ich galt als *zu* faul. Wenn sich die Lehrer dann bei meinen Eltern beschwerten, habe ich mich wieder eine Weile am Riemen gerissen. Ich wurde nicht wirklich fleißiger, nur eine Zeit lang gewissenhafter. Dann ging es meinen Eltern zeitweise besser, vor allem, weil sie selbst ein schlechtes Gewissen hatten. Die haben sich nicht, wie heutzutage die Übermütter und Helikopter-Eltern, jeden Nachmittag zu mir hingesetzt und mit mir Hausaufgaben gemacht – dafür hatten die gar keine Zeit. Aber da sie intensiven Kontakt zu meinem Lehrer hatten – er war Chorleiter des Gesangvereins, und mein Vater war Sänger –, wussten meine Eltern immer ziemlich gut Bescheid und machten Druck. Den hab ich von Zeit zu Zeit auch gebraucht. Dennoch habe ich mich als Mängelwesen

gefühlt, aber ich war ja auch eines: Ich habe stets dem Lusttrieb – draußen herumzutoben – mehr nachgegeben als der Pflicht, hatte deshalb auch immer ein schlechtes Gewissen. Aber: Ich kam ja trotzdem damit durch.

»Kindliche Faulheit« ist natürlich ein Vorwurf, der zu mindestens 50 Prozent auf die Lehrer zurückfällt, die einem den Vorwurf machen. Faul war ich nämlich nur in den »Lernfächern« (Erdkunde, Geschichte usw.), in denen man stumpfsinnig Zahlen und Fakten auswendig lernen musste, ohne Zusammenhang. Später, als ich mir die Zusammenhänge selbst erarbeitete, fand ich immer mehr Wissensgebiete immer interessanter und lernte plötzlich wie von selbst.

Aber zurück zu meiner Faulheit: Dieser Mangel hatte auch Vorteile. Um ein Beispiel zu nennen: Ich bekam zwar die Fünf oder Sechs, wenn mich der Lehrer mit einem plötzlichen Vokabeltest überfiel, aber bei der »Schulaufgabe«, der größeren Prüfung, die mehr Gewicht hatte, bekam ich dann regelmäßig die Eins oder Zwei. Warum? Weil ich bis zum Termin der Schulaufgabe die Vokabeln während des Unterrichts gelernt hatte, was wiederum ein Grund dafür war, dass ich das Vokabellernen daheim nicht als so essenziell nötig empfunden hatte. Das war aber genau der Punkt, der meine Lehrer am meisten ärgerte. Meinen Eltern sagten sie immer: »Er ist ja so begabt, aber leider *zu* faul. Wäre er ein bisschen fleißiger, könnte er ein Zeugnis voller Einsen haben.« Mir wiederum sagte das: Du musst gar nicht so viel büffeln, du schaffst es letztlich auch mit weniger Aufwand, und ein Zeugnis voller Einsen braucht sowieso kein Mensch.

Diese Arbeitsökonomie hat mir dann später im Journalistenberuf tatsächlich geholfen. Ich hatte nämlich gelernt, mich schnell in etwas einzuarbeiten, das Wesentliche zu erfassen, mich mit den Details nicht lange aufzuhalten und mir nur die Dinge zu merken, die man nicht nachschlagen kann.

Christian Nürnberger, 65, Publizist

Arbeitsökonomie von Kindesbeinen an! Und keiner kann sagen, dass Christian Nürnberger damit nicht erfolgreich wurde!

In meiner Kindheit galt ich als *zu* faul. Es hieß es immer: »Du könntest viel besser in der Schule sein, wenn du nicht so faul wärst.« Tatsächlich war ich trotz vorhandener Intelligenz von den Leistungen her nur durchschnittlich. Inzwischen bin ich sicher, dass ich damals schon eine Stärke hatte, die mir heute sehr hilft: Effizienz. Wer effizient ist, ist intelligent genug, um ein gutes Ergebnis bei wenig Aufwand zu erzielen.

Was mir meine Mutter auch vorgeworfen hat: Ich sei *zu* phlegmatisch. Ein Vorfall, bei dem sie mir das vorgehalten hat, ist mir in guter Erinnerung. Ich war etwa 13 und hatte mein Portemonnaie verloren, mit etwa 20 D-Mark drin. Ich hatte gesucht und gesucht, es aber nicht mehr gefunden. Zu Hause berichtete ich meiner Mutter von dem Verlust. Sie regte sich fürchterlich auf, weil ich ihr dies so unbeteiligt, unaufgeregt mitteilte. Fälschlicherweise schloss sie daraus, mir sei der Verlust egal. Dies stimmte überhaupt nicht, aber meine heutige Lebenseinstellung schlug damals schon durch: Wenn eine Sache passiert, passiert sie halt. Wenn etwas nicht zu verändern ist, muss man es akzeptieren. Es bringt dann auch nichts mehr, sich aufzuregen. Mit dieser Einstellung gehe ich sehr optimistisch durchs Leben, ich schaue nach vorne und bin gut gelaunt.

Andreas Fritz, 46, Trainer und Coach

Effizienz, Gelassenheit und Hinterfragen von Glaubenssätzen – wenn das keine Stärken sind!

Wie verfehlt es ist, wenn man ein Ziel *zu* verbissen verfolgt, wenn man *zu* ehrgeizig ist, zeigt die kleine buddhistische Geschichte vom Mann, der so schnell wie möglich Befreiung erlangen will. Auf seine Frage, wie lange es denn dauern werde, bis es so weit sei, erhält er vom Meister die Antwort: »Etwa zehn Jahre.« Auf sein drängendes »Und wenn ich mich sehr anstrenge?« folgt die Antwort: »Dann dauert es 20 Jahre.« Nun geht die Ungeduld mit ihm durch. »Ich will sehr schnell ans Ziel kommen und bin deshalb bereit, jede Härte auf mich zu nehmen«, beteuert er. Die trockene Antwort des Meisters: »Dann kann es 40 Jahre dauern.

Tipps für Eltern

- Erfreuen Sie sich an der angstfreien, souveränen Gelassenheit Ihres Kindes, das nicht angespannt oder gar verzweifelt darauf aus ist, Anforderungen zu erfüllen und Lob dafür einzuheimsen.
- Stellen Sie sich vor, wie Ihr Kind die schönen Seiten dieses kurzen Lebens genießen wird, ohne mit verbissenem Ehrgeiz dem Erfolg hinterherzujagen.
- Schauen Sie bewusst auf die Interessen des Kindes, die es von sich aus hat, zu denen es intrinsisch motiviert ist, wie es so schön heißt. Ganz bestimmt gibt es da einiges, und wenn es im Moment »nur« Sammelkarten oder Online Games sind.
- Denken Sie an die vielen »Faulpelze«, aus denen etwas geworden ist.
- Vertrauen Sie darauf, dass der Abschied von Trägheit und Müßiggang spätestens dann kommt, wenn Ihr Kind Ziele findet, für die sich Anstrengung in seinen eigenen Augen lohnt.

Zu introvertiert, *zu* schüchtern, *zu* ängstlich, *zu* ruhig, *zu* ernst, *zu* nachdenklich, *zu* grüblerisch, *zu* sensibel

Vielleicht fragen Sie sich, warum ich in dieses Paket so besonders viele Inhalte gepackt habe. Klar, nicht jeder, der introvertiert ist, ist auch ängstlich, nicht jede, die nachdenklich ist, ist auch schüchtern, nicht jeder grüblerische Mensch ist sensibel ... All diese Eigenschaften liegen aber doch recht nahe beieinander, wirken fast schon wie Facetten ein und derselben Wesensart, sodass bei den meisten Beispielen, die mir begegnet sind, mehrere dieser Eigenarten zutreffen.

Mich hat erstaunt, wie viele Menschen sich dazu bekannten, im Kindes- und Jugendalter als *zu* schüchtern usw. tituliert worden zu sein. Das Erstaunlichste: Bei extrem wenigen dieser Menschen hätte ich dies für möglich gehalten. Es waren in der Regel selbstbewusste, im Leben stehende Frauen und Männer, die alles andere als unsicher wirkten.

So wie Mona. Sie wuchs in meinem Bekanntenkreis auf, sodass ich ihren Werdegang vom Babyalter an miterleben konnte. Mona war tatsächlich das schüchternste, ängstlichste, ruhigste kleine Wesen, das mir je untergekommen war. Sie verkroch sich hinter ihrer Mutter, wenn sich ein fremder Mensch nur näherte. Sie sprach kein Wort mit mir und wandte den Blick ab, wenn ich mit ihrer Mutter plauderte. Diese beteuerte, ihr sei das Problem bewusst, aber sie könne nun mal nichts ändern. Im Kindergarten wurde die extreme Schüchternheit angemahnt, in der Schule anfänglich auch. Dann verlor ich den Kontakt.

Irgendwann grüßte mich eine selbstbewusste junge Frau: »Kennst du mich nicht mehr? Ich bin doch Mona.« Ich war perplex. Nicht nur, dass Mona mich einfach so ansprach, sie sprühte vor Energie und Lebenslust, erzählte mir von ihren verschiedenen beruflichen Stationen innerhalb und außerhalb Deutschlands und wirkte rundum auf dem richtigen Weg. Wenig später traf ich ihre Mutter und sprach sie auf die Veränderung an. »Ja, wer hätte das gedacht!«, schmunzelte sie. »Und ich hab mir immer solche Sorgen gemacht, dass sie mir nie vom Rockzipfel weichen würde. Ich konnte mir nicht vorstellen, dass sie mal alleine existieren kann. Jetzt kann sie es fast schon zu gut. Was bin ich froh, dass ich sie einfach ließ, wie sie war!«

Die vermeintliche Schwäche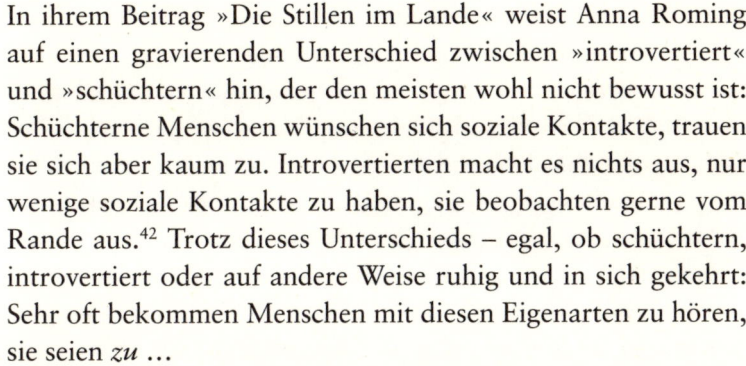

In ihrem Beitrag »Die Stillen im Lande« weist Anna Roming auf einen gravierenden Unterschied zwischen »introvertiert« und »schüchtern« hin, der den meisten wohl nicht bewusst ist: Schüchterne Menschen wünschen sich soziale Kontakte, trauen sie sich aber kaum zu. Introvertierten macht es nichts aus, nur wenige soziale Kontakte zu haben, sie beobachten gerne vom Rande aus.[42] Trotz dieses Unterschieds – egal, ob schüchtern, introvertiert oder auf andere Weise ruhig und in sich gekehrt: Sehr oft bekommen Menschen mit diesen Eigenarten zu hören, sie seien *zu* ...

Zwei Leserbriefe auf diesen Artikel zielen in dieselbe Richtung: »Mich persönlich ärgern die Reaktionen meiner Mitmenschen mitunter sehr, gemäß dem Motto: Wer nichts sagt, hat auch nichts Interessantes zu sagen – und ist somit längerer Aufmerksamkeit nicht würdig. Dabei hätte man doch einiges beizusteuern, und zwar durchaus kein hirnloses Gewäsch.« Und: »Wir leben heute in einer Gesellschaft, die Extraversion nicht nur belohnt, sondern auch als ›richtig‹ und ›erstrebenswert‹ proklamiert. An dieser Stelle hätte man noch anfügen können, dass stille Kinder schon in der Schule umerzogen werden. Mündliche Noten werden dem Wesen Introvertierter in keiner Weise gerecht, setzen sie sogar unter Druck und zeigen ihnen mit jedem Zeugnis, dass sie nicht ins ›System‹ passen.«[43]

Ja, Selbstdarstellung, Extraversion und seelische Nabelschau werden heute mehr gefeiert als vornehme Zurückhaltung. Da können sich die Stillen leicht ausgegrenzt und fehl am Platze fühlen.

Schon vor seinem Eintritt in den Kindergarten fiel auf, dass eines unserer Kinder ängstlich und scheu war. Genau genommen hatte ich schon beim Säugling bemerkt, dass er auf fremde Stimmen, fremde Umgebung und die Nähe fremder Menschen mit Abwehr und Furcht reagierte. Von der ersten Stunde im Kindergarten an galt der Junge als ruhig und ernst. So, wie man mir das mitteilte, war er *zu* ruhig und *zu* ernst. Ich begann mir Gedanken zu machen. War unser Kind nicht glücklich? Versäumten wir irgendetwas, um es glücklich zu machen?

Mein Trost war sein Bruder, der weniger als zwei Jahre später geboren wurde: von denselben Eltern gezeugt, im Haus derselben Eltern aufwachsend – ein fröhliches, lebhaftes, gänzlich unernstes Kind. Ich sagte mir selber, dieses eine Kind sei halt so, das andere so.

In der Schule hörte ich Lehrerkommentare und las Zeugnisbemerkungen wie: »Der Junge ist *zu* ruhig«, »Er ist *zu* ernst für sein Alter«, »Er sollte offener auf andere zugehen«. Ich machte mir wieder Gedanken. War er nicht doch unglücklich? Sollten, mussten wir nicht gegensteuern? Dann blickte ich auf mein Kind und stellte fest: Dieses Kind war einfach so.

Irgendwann traf ich auf eine Lichtgestalt im System Schule. Ich saß in der Elternsprechstunde – bereit, mir wieder einmal anzuhören, was ich längst wusste. Der Lehrer erzählte mir viel Gutes über mein Kind. Ich wartete auf das große Aber. »Ist er Ihnen denn nicht viel *zu* ruhig und in sich gekehrt?«, fragte ich schließlich. Die Lichtgestalt wurde ernst: »Nein, das ist er nicht. So, wie er ist, ist er genau richtig!« Ich war ergriffen.

Heute bin ich froh, mehr auf Stimmen wie diese gehört zu haben als auf die der Bemängler. Vor allem aber bin ich froh, dass ich auf meine eigene innere Stimme gehört habe. Genau dieses Kind nämlich ist ein ruhiger, eher ernster Erwachsener geworden, der Lärm und Hektik eher nicht mag und dessen Freundeskreis nicht allzu groß ist. Es ist aber auch ein Erwachsener geworden, der einen ausgesprochen feinen Freundeskreis hat.
Ein Erwachsener, der sehr wohl die Freuden des Lebens genießen kann – alleine, zu zweit oder zu mehreren. Ein Erwachsener, der sehr viel Ruhe ausstrahlt und mir schon oft Ausgeglichenheit und Zuversicht schenken konnte, wenn sie mir selbst abhandengekommen waren. Ein Erwachsener, der Begegnungen mit neuen Menschen und Situationen noch immer anstrengender findet als der Rest der Familie, der ihnen aber nicht feige aus dem Weg geht, sondern der sie souverän meistert. Überhaupt ein sehr unängstlicher Mann.

Ein Gedanke, der mich nicht loslässt: Was wäre geschehen, wenn ich tatsächlich versucht hätte, an ihm herumzuschrauben wie an einem defekten Gerät? Wie hätte er sich dann entwickelt? Würde er auch diese Ruhe ausstrahlen, wenn selbst seine Eltern ihm den Stempel »Entspricht nicht den Erwartungen!« aufgedrückt hätten?

Renate Hanauer, 60, Journalistin

Kürzlich unterhielt ich mich mit Reni, einer Freundin, und deren 19-jähriger Tochter Lilja. Anlässlich dieses Buchprojekts fragte ich die beiden: »Gab es etwas, das laut Aussagen von Kindergarten und Schule an dir/deiner Tochter *zu* … war?« Die Antwort kam wie aus einem Munde: »*Zu* ruhig und schüchtern war ich/sie allen. Ich/sie beteiligte mich/sich *zu* wenig am Unterrichtsgespräch.« Ich lachte laut auf. Lilja ist alles andere als ruhig und schüchtern. Sie spricht sehr viel und sehr gut. Sie hat ein breites Wissen und kann alles, was sie sagt, gut artikulieren. Ihre Eloquenz stellt viele Erwachsene in den Schatten. »Ich mochte das einfach nicht, mich dauernd melden«, bekannte sie freimütig. »Da war ich eben ruhig. Außerdem hatte ich damals wirklich Hemmungen, etwas vor einer Gruppe zu sagen. Das hat mir oft eine schlechte mündliche Note eingebracht.« »Haben dir die Hinweise, deine Tochter sei *zu* ruhig und zurückhaltend, irgendeinen Vorteil gebracht?«, fragte ich meine Freundin. Die Antwort kam postwendend: »Nein, überhaupt nicht. Das Gegenteil ist der Fall: Sie haben den Blick für das Positive an Lilja verstellt.«

Ein sehr guter Freund erzählte mir emotional aufgewühlt: »Immer hieß es: ›Junge, du musst mehr aus dir rausgehen!‹ Ich höre die Stimme meiner verstorbenen Mutter noch, wie sie mich mit dem immer gleichen Satz bedrängte: ›Geh mehr aus dir raus!‹ Ich war damals einfach sehr zurückhaltend und diese andauernden Ermahnungen haben mir rein gar nichts geholfen. Später, in meinem Beruf, ging ich dann sehr wohl aus mir raus, aber nicht, weil man mir das von außen nahelegte, sondern weil ich selbst es lernen wollte und gelernt habe. Immerhin war ich Vorgesetzter von mehreren hundert Menschen. Da war es einfach erforderlich, dass ich ›aus mir rausging‹.«

Während ich dies schreibe, drängt etwas aus den Tiefen meines Gedächtnisses an die Oberfläche. Ich selber, wie ich mich nicht traue, vor der Klasse zu sagen, was ich denke. Ich selber, wie ich gekränkt bin, als ein Vertretungslehrer fragt, ob die Fenstergruppe, »meine« Gruppe, die dümmere sei, weil sich nur die Schüler aus der Türgruppe dauernd meldeten. Ich selber, wie ich mich dafür verachte, so feig und schüchtern zu sein. Ich selber, wie ich mich als minderwertig gegenüber denen betrachte, die so unbeschwert irgendetwas drauflosplappern.

Heute habe ich keine Hemmungen, vor Hunderten von Leuten zu sprechen – allerdings nur, wenn ich mich auf meinem Gebiet sicher fühle. Bei gefühlter Inkompetenz höre ich anderen lieber zu und bilde mir in Ruhe meine Meinung. Heute habe ich aber auch den Mut zu sagen: »Von dieser Sache verstehe ich zu wenig, deshalb halte ich lieber meinen Mund.« Heute finde ich Menschen, die einfach drauflosreden, nicht mehr bewundernswert, sondern befremdend. Und frage mich: Warum eigentlich wird in der Schule das Extravertierte dem Introvertierten sosehr vorgezogen? Warum tut man so, als müsse ein Mensch alles, was sich in ihm abspielt, nach außen tragen? Warum soll jeder Gedanke ausgesprochen werden? Warum tut man so, als habe ein Mensch keine guten Gedanken, nur weil er sie nicht ständig ausspricht?

Aus Sicht der Schule verstehe ich das ja. Das Unterrichtsgespräch lebt nun einmal von denen, die mündlich aktiv viel mitarbeiten. Wenn ich als Lehrerin ein paar eifrig gereckte Finger sehe, fühle ich mich wohl. Selbst bei Lesungen tut es mir gut, wenn sich möglichst viele melden. Ich habe dann das Gefühl, es gefällt den Kindern mit mir. Aber dank der neuen Sichtweise schaue ich auch die anderen, die schweigenden Kinder mit großem Wohlwollen an und sage ausdrücklich: »Ihr könnt mir auch gerne nach der Lesung weitere Fragen einzeln stellen. Ihr könnt mir auch schreiben. Und wenn ihr beides nicht tut, macht das auch nichts.«

Als Lehrerin gehe ich immer mehr dazu über, jeden Schüler einzeln zu Wort kommen zu lassen, indem ich dazu ermuntere, die eigene Meinung oder die vermutete richtige Antwort auf Zettel schreiben zu lassen – mit einem + (Plus) für »Darf vor der Klasse vorgelesen werden« und einem – (Minus) für »Bitte nicht vorlesen!«. So erfahre ich mehr von den Gedanken der Schüchternen, Introvertierten. Wobei es nicht schlimm ist, wenn ich vieles nicht erfahre. Manche Denkanstöße wirken im Verborgenen weiter, wie ehemalige Schüler gerne bestätigen.

Die Stärke in der Schwäche

Im Prinzip gilt für alle eher ruhigen, in sich gekehrten Menschen: Sie können allein mit sich selbst sein. Sie können zuhören. Klar, sie sind ja auch nicht ständig damit beschäftigt, selbst zu sprechen, Eindruck zu schinden und einen coolen Auftritt hinzulegen. Introvertierte haben, so sagt man, ihre Schokoladenseite innen.

Es wurde festgestellt, dass Introvertierte nicht so leicht ermüden wie Extravertierte. Und die Organisationspsychologen und Unternehmensberater David Marcum und Steven Smith stellten vier Nachteile des »lauten Ichs« fest, die umgekehrt auf die Stärke des »leisen Ichs« verweisen:[44]

- Das laute Ich vergleicht sich ständig.
- Das laute Ich ist immer in Verteidigungshaltung.
- Das laute Ich buhlt ständig um Aufmerksamkeit.
- Das laute Ich will akzeptiert werden.

Mit einem leisen, zurückhaltenden Ich lebe es sich gesünder und gelassener, sagen die Psychologen Jack Bauer und Heidi Wayment, denn ihnen bleiben die negativen Folgen der »Lautsprecherei« erspart, nämlich Erschöpfung, Stress, Entfremdung, Burnout, Selbstisolation und Überforderung. Menschen mit einem stilleren Ich können auch Widersprüche besser ertragen und andere Meinungen oder Ideen gelassener zur Kenntnis nehmen. Damit verbunden: Sie neigen weniger dazu, andere Menschen vorschnell abzuwerten, um selbst besser dazustehen. Ausdrücklich werden die positiven Seiten zurückhaltender Menschen hervorgehoben:

- Sie verfügen über nicht defensive Achtsamkeit, das heißt, sie konzentrieren sich nicht völlig auf die eigenen Gefühle, sondern sind auch bereit, unerwartete und unbequeme Aspekte

zu erkennen – ähnlich wie die philosophische Haltung des Stoizismus.
- Sie sind auf andere bezogen, das heißt, sie können die Perspektive anderer übernehmen und sich in sie einfühlen.
- Sie urteilen nicht vorschnell, das heißt, sie müssen die eigene Meinung nicht sofort äußern.
- Sie sind neugierig, das heißt, sie sind interessiert an neuen, anderen Ideen, prüfen sie in Ruhe und favorisieren Fragen statt eigene Antworten.
- Sie sind ehrlich, das heißt, sie können auch unangenehme Wahrheiten ertragen und suchen auch nach Fakten, die nicht ins Konzept passen.

> Mein Leben ist geprägt von einer tiefen Schüchternheit. Einer tiefen Angst. Angst, verlassen zu werden. Angst, nicht gut genug zu sein. Angst, nicht ernst genommen, sondern verlacht zu werden. Meine Angst, in Gruppen, Freizeiten und Vereine zu gehen. Ich kenne dort niemanden. Fremde. Bloß nicht dorthin.
>
> Schüleraustausch. Mein Wunsch, nach Frankreich zu fahren. *Zu* ängstlich. *Zu* schüchtern.
>
> Studium. Jahre ohne Beziehung. Ich spüre den Wunsch, die Sehnsucht nach Nähe. Durchkreuzt von meiner nicht zu fassenden, würgenden Angst. Nicht einmal in meinen Träumen lerne ich eine Frau kennen. Ich. Das Mangelwesen.
>
> Wer kann ich schon sein? Scheint doch auch meine Umwelt meine Vermutung zu bestätigen. *Zu* schwach. *Zu* weich. *Zu* schüchtern.
>
> Hätte mich damals jemand darauf angesprochen, ich wäre wohl schreiend geflohen.
>
> Bloß nicht zugeben, dass ich schüchtern bin. Ja. Bin ich doch nicht einmal ein »richtiger Mann« ...

Mein Bruchpunkt war im Studium. Ich erinnere mich noch genau an diesen Moment der Erkenntnis. Dieses brutale und doch befreiende Gefühl: *Ich* bin der Grund. *Ich* bin verantwortlich. Für mich. Das spürte ich plötzlich sehr deutlich. Es war nicht mehr wegzudenken.

Was ich innerlich weiß: Ich kann mir heute mein Leben ohne diesen »Mangel« nicht mehr vorstellen. Nichts von dem, was ich heute habe, lebe, trägt nicht die sichtbaren, deutlich zeichnenden Spuren dieses »Mangels«.

Meine wunderbare, innige Beziehung. Nicht vorzustellen ohne diese innere Feinfühligkeit.

Meine Berufung, meine Freude. Nicht vorzustellen ohne meine eigene Reise.

Meine innerste Sehnsucht, mich selbst besser zu verstehen. Das zu suchen und zu finden, was mich wirklich ausmacht. Nicht vorzustellen ohne den Schmerz, der mich doch letztendlich suchen ließ.

Meine Freunde, Gefährten. Die Freuden und Schmerzen. Alles ist gezeichnet von diesem »Mangel«. Alles ist gezeichnet von diesem Geschenk.

Ich glaube, es liegt letztendlich an jedem selbst. Machen wir uns auf den Weg? Möchten wir spüren, was unter diesem »Mangel« liegt? Oder bleiben wir doch stehen? Nicht fähig, den Blick zu heben?

Matthias Kirchner, 29, hilft Männern, ihre ursprüngliche Kraft zu entdecken

Nachdem ich diesen sehr persönlichen Text von Matthias Kirchner erhalten hatte, fragte ich konkret nach: Wie hat es sich damals genau angefühlt, immer wieder den Stempel »*zu* schüchtern, *zu* ängstlich, *zu* introvertiert« aufgedrückt zu bekommen? Die Antwort war eindeutig: »›Der Junge ist *zu* schüchtern!‹ ist so was wie der Todesstoß. Zum Ersten der Tatbestand, offensichtlich nicht gut genug zu sein. Als Nächstes die Scham, entdeckt und aufgeflogen zu sein. Und dann natürlich noch die Selbstanklage: ›Ich wusste es ja schon immer. Ich bin einfach *zu* schüchtern/nicht mutig genug/kein echter Mann.‹ Dieses *Zu* führt dazu, sich noch weiter zurückzuziehen, noch mehr zuzumachen.«

Wie schön, dass er auf seinem Blog *Lebenistleidenschaft.de* nun schreiben kann, es sei ihm gelungen, den vermeintlichen Mangel in seinen größten Schatz, seine größte Kraftquelle zu verwandeln.

Übrigens erzählen viele Menschen, die in der Öffentlichkeit auftreten, von sich, sie seien einst schüchtern gewesen. Der Rundfunkmoderator und Buchautor Thorsten Otto, bekannt vor allem durch seine Interview-Sendung »Mensch, Otto!«, berichtete in einem Interview: »Ich bin auch nicht als Talker geboren, ganz im Gegenteil. Ich war ein ganz schüchterner Junge, dem nie eine schlagfertige Antwort eingefallen ist. Irgendwann habe ich beschlossen: Das passiert mir nicht mehr, da werde ich jetzt gut drin … Ich mag Menschen, ich interessiere mich für Lebensgeschichten. Alles, was ich weiß, habe ich von jemand anderem erfahren. Für mich sind Gespräche, auch die Interviews in meiner Sendung, fast wie Therapie.«[45]

Dass introvertierte Menschen nicht auf Dauer introvertiert sein müssen und sich durchaus auch mal am eigenen extravertierten Verhalten erfreuen können, zeigten Experimente kanadischer Psychologen um John Zelenski von der Carleton University in Ottawa. Ein kurzzeitig verordneter Rollenwechsel, bei dem sich extravertierte Probanden zurückhaltend und risikoscheu, introvertierte Menschen aber gesprächig und unerschrocken verhalten sollten, zeigte, dass die Introvertierten sich – im Gegensatz zu den Extravertierten – danach gut fühlten und auch gute Leistungen brachten.[46]

Und schließlich: Im Vergleich zur Großspurigkeit hat das schüchterne, mehr in sich gekehrte Wesen etwas sehr Sympathisches, das manchmal erst auf den zweiten Blick sichtbar wird. Axel Wolf schreibt in seinem Beitrag »Warum so schüchtern?«, Schüchterne seien besonders empathisch, besonders zuverlässige Freunde und ganz besonders gute Zuhörer. Auch für die Gesellschaft seien schüchterne Menschen ein Gewinn. Neben all den Selbstdarstellern und Draufgängern seien zurückhaltende, stille, reflektierende Menschen dringend nötig.[47]

Und das Ängstliche? »Mut ist oft nur ein Mangel an Fantasie«, heißt es so schön. Im Umkehrschluss bedeutet dies: Wer mit einer reichen Fantasie, mit einer großen Vorstellungskraft gesegnet ist, ist logischerweise ängstlicher als einer, dessen geistiges Innenleben nicht so ausgeprägt ist. Und Fantasie ist eine Gabe, die durch nichts zu erzwingen ist, aber in vielen Bereichen – auch beruflich – Vorteile birgt. Angst macht in gewisser Weise kreativ. Neben dem lähmenden Aspekt hat sie nämlich auch einen beflügelnden, was die Geschichten zahlreicher Künstler – Musiker, bildende Künstler, Literaten und Filmemacher – zeigen. Eine weitere Stärke im ängstlichen Gemüt: Wer Angst hat und sich zu ihr bekennt, vermeidet Situationen, in denen Gefahr droht. Und wer es gelernt hat, dass er seine Angst nicht als Schwäche unterdrücken muss, lernt mit ihr gelassen umzugehen.

Angelina zum Beispiel war ein zartes und zartbesaitetes Kind, das ängstlich an seiner Mama klebte. Allein traute sie sich so gut wie nichts zu. Ihre Mutter sparte sich jedes *Zu*. Wie wunderbar, dass das Kind in der Grundschule eine Lehrerin hatte, die ihr zutraute, in einem Schultheaterstück die Hauptrolle zu spielen. Angelina lebte auf, spielte mit Bravour und mauserte sich zu einer selbstbewussten Erwachsenen, die Herausforderungen ins Auge schaut, ohne den Boden unter den Füßen zu verlieren. Ihre einstmalige Ängstlichkeit ist heute nur noch schwer vorstellbar, hat sie aber zu dem gemacht, was sie jetzt ist: eine Frau, die sich etwas traut und für andere viel Verständnis hat.

Ein ruhiges Naturell ist für die Umgebung sehr angenehm – und für den ruhigen Menschen auch, wenn er sich nicht verunsichern lässt. Die Aura eines ruhigen Menschen kann unruhigen Geistern guttun und ihnen inneren Frieden schenken. In Partnerschaften ist der oder die Ruhige meist ein stabilisierendes Element.

»Ist es normal, dass ernste Menschen weniger gemocht werden?«, fragte jemand auf www.gutefrage.net.[48] Unter den zehn Antworten fanden sich so unterschiedliche Meinungen wie: »Die Menschen, die dich kennen und mögen, brauchen keine Clownereien von dir ... Selbst wenn du ein ernster Mensch bist, kannst du auch Sympathien gewinnen ...«, »Generell kann man aber sagen, dass ernste Menschen meistens nicht so beliebt sind wie lustige/humorvolle, da sie oft als langweilig, schüchtern und zum Teil sogar genau im Gegenteil als hochmütig empfunden werden ...«, »Ich glaub, es ist einfach schwieriger, mit ernsten Personen klarzukommen. Das Tolle an Freundschaft ist ja, dass man immer miteinander lachen kann ...« und »Ja natürlich, macht halt weniger Spaß mit dir. Wenn du nie lachst etc., ist es ja schon recht trostlos.« Immerhin eine Antwort lautete schlicht: »Sei du selbst und richte dich nicht nach anderen.« Insgesamt zeigen Frage und Antworten recht deutlich, wie Menschen, die sich selbst als ernst empfinden, oft gesehen werden.

Wie Arthur Schnitzler aber sagt: »Ein ernster Mensch sein und keinen Humor haben, das ist zweierlei.« Und genau so ist es! Wer ernst ist, läuft eben nicht Gefahr, nicht ernst genommen zu werden. Wer ernst ist, kann bei Problemen besser helfen als ein Berufsclown. Wer ernst ist, wird vermutlich nie die Unterhaltungskanone auf einer Party sein, aber ein stets beliebter Gesprächspartner. Und wer nachdenklich ist, glänzt vielleicht nicht durch Spontaneität, aber er überdenkt sein Handeln, zieht keine voreiligen Schlüsse und fällt keine voreiligen Urteile über andere. Wer nachdenklich ist, ist oft auch besonnen und überlegt, setzt sich mit den eigenen Gedanken, Gefühlen und Handlungen bewusst auseinander und bemüht sich, seine Mitmenschen nicht zu verletzen.

Wer sensibel ist, gilt zwar als empfindlich für äußere Einflüsse, besitzt dadurch aber auch eine größere Fähigkeit, tief zu erleben und sich in andere hineinzuversetzen. Die Tiefe des Empfindens wiederum bringt im Laufe eines Lebens jede Menge Gelegenheiten zu leiden mit sich, aber eben auch viele, viele Situationen, in denen tiefe Zufriedenheit oder gar Glück empfunden wird. Die Fähigkeit, sich in andere hineinzuversetzen, kann schließlich beruflich wie privat Vorteile bringen.

»Sie ist halt sehr sensibel!« Dieser Satz begleitete meine gute Bekannte Rosi von klein auf. Rosi konnte sich so wahnsinnig freuen und mitfreuen. Rosi konnte aber auch schon immer besonders gut leiden. Wurde sie mal auf den Arm genommen, traf sie das tief. Wurde sie ausgegrenzt, sah man ihr ihre Traurigkeit an. Wurde sie gekränkt, zermarterte sie sich das Hirn nach den möglichen Gründen. Was sie aber auch konnte und was ihr heute – in reiferer Form – zugutekommt: mitleiden. In ihrem sozialen Beruf versteht sie oft ganz besonders gut, warum sich ein Mensch so und nicht anders benimmt, warum er ein von allen belächeltes, merkwürdiges Verhalten an den Tag legt, warum er sich abseits stellt. Zugang zu schwierigen Menschen findet sie besonders gut, denn sie kann sich hineinversetzen – auch in Persönlichkeiten, die von den meisten schlicht abgelehnt werden.

Einen Sonderfall stellt das Phänomen der Hochsensibilität dar. Dieses näher zu erörtern, würde in seiner Komplexität jedoch den Rahmen des vorliegenden Buches sprengen.

Tipps für Eltern

- Erfreuen Sie sich am geistigen und seelischen Tiefgang Ihres Kindes und seiner so besonderen Sensibilität.

- Wertschätzen Sie die Tatsache, dass Ihr Kind nur redet, wenn es etwas zu sagen hat und dass es eine angenehme Ruhe ausstrahlt.
- Nehmen Sie das Ängstliche und die Angst ernst. Versuchen Sie nicht, die Angst wegzureden. Bekennen Sie sich zu eigenen Ängsten, um zu zeigen, dass Angst etwas ist, womit auch Erwachsene klarkommen müssen und können. Begleiten Sie die Angst freundlich, stehen Sie als verlässlicher Halt zur Verfügung.
- Vertrauen Sie darauf, dass sich die Schüchternheit Ihres Kindes irgendwann auflösen wird – besonders dann, wenn man ihm diesen Wesenszug nicht vorwirft.
- Wenn Ihr Kind zum ersten Mal mit fremden Menschen sprechen muss:
  – Ermuntern Sie es, an gelungene Kontakte der Vergangenheit oder an etwas Angenehmes zu denken und einen kurzen Augenkontakt zu wagen. So wirkt es auf sein Gegenüber nicht abweisend, sondern einladend.
  – Überlegen Sie sich gemeinsam mit ihm einige unterschiedliche Sätze, die man bei vielerlei Gelegenheiten anbringen kann, sodass es keine Angst vor dem großen Schweigen haben muss. Machen Sie ihm bewusst, dass auch das Gegenüber schüchtern sein könnte.
- Wenn Ihr Kind vor anderen auftreten muss, zum Beispiel in Form eines Referats:
  – Helfen Sie ihm dabei, Sicherheit zu gewinnen, indem Sie ihm Gelegenheit zum mehrmaligen Üben bieten.
  – Zeigen Sie ihm, dass man mit Humor viel erreichen kann, ja, dass es sogar ein Plus sein kann, sich selbst und die eigene Schüchternheit ein bisschen auf die Schippe zu nehmen.

Zu unkonzentriert, *zu* verträumt

Die Schriftsteller Gerhart Hauptmann und Eduard Mörike träumten sich »weg«. Mein später beruflich sehr erfolgreicher Onkel wurde wegen seines verträumten Wesens getadelt. Unzähligen meiner Schüler habe ich beim Wegdriften zugesehen. Und mich selbst habe ich auch schon dabei beobachtet.

Leider ist die Zuschreibung »*zu* unkonzentriert« zum Dauerbrenner geworden. Unzählige Eltern bekommen sie zu hören. Vielleicht ist es hilfreich, erst mal den Begriff klären. Unter den Synonymen des Wortes »unkonzentriert« finden sich Adjektive wie verträumt, geistesabwesend, gedankenverloren, unaufmerksam, zerstreut, leicht ablenkbar, unachtsam, nervös, zappelig, unbeständig … All diese Erscheinungsformen werden oft in Verbindung mit ADHS (Aufmerksamkeitsdefizit-Hyperaktivitätsstörung) gebracht und können für Kinder wie Eltern extrem belastend sein.

Dabei wird das Thema auch noch höchst kontrovers diskutiert. Ist ADHS eine Erfindung der Pharmaindustrie, ist sie eine Modekrankheit oder handelt es sich tatsächlich um die gegenwärtig häufigste psychische Erkrankung bei Kindern und Jugendlichen, die womöglich mit Medikamenten therapiert werden muss? Da ich mich nicht als Fachfrau für diese Symptomatik betrachte, enthalte ich mich an dieser Stelle einer dezidierten Meinung, empfehle allerdings: Betrachten Sie das Thema von mehreren Seiten, lesen oder hören Sie unterschiedliche Sichtweisen.

Bleiben übrigens nicht die meisten Menschen durchaus aufmerksam und konzentriert, wenn es sich um eine Sache handelt, die sie wirklich interessiert? Ist es bei Ihnen anders? Ich empfehle hier ein Selbstexperiment:

»Beobachten Sie sich selbst und andere Erwachsene während einer Fortbildung, eines Vortrages, eines Seminars … Schaffen Sie es, schaffen es alle anderen, gedanklich immer bei der Sache zu bleiben? Bekommen Sie alles mit, was vorne gesagt wird? Oder mussten Sie auch schon mal Ihren Sitznachbarn fragen, wann der wichtige Termin, um den es gerade geht, nun ist? Was dieser neue Referent, der plötzlich da vorne steht, mit der ganzen Sache zu tun hat?

Seit ich selbst sensibel für derartige Phänomene bin, sehe ich mich selbst viel desillusionierter – und meine Kinder viel gnädiger.

Woran habe ich selbst während eines Vortrages nicht schon alles gedacht: Ob der so gut rezensierte Abendfilm auch dem eigenen Ehemann gefallen könnte. Wie die Freundin wohl ihr Liebeskummer-Wochenende bewältigt hat. Ob das Flugzeug da draußen gerade auf dem Weg nach Schweden zu der dort lebenden Bekannten ist. Ob der Kaninchenstall zu Hause auch wirklich verschlossen war. Dass der Vordermann dringend etwas gegen seine Schuppen tun müsste … Andererseits gelte ich in anderen Fällen als Musterbeispiel für außerordentliche Konzentrationsfähigkeit. Immer wieder werde ich bestaunt, weil ich neben tobenden Kindern, im Wartezimmer oder während der Zugfahrt intensiv und effektiv arbeiten kann. Tja, woran mag diese Diskrepanz wohl liegen? Wenn ich selbst etwas tue, was mich noch dazu fesselt, kann ich extrem bei der Sache bleiben. Wenn ich passiv etwas über mich ergehen lasse, was mich nur mäßig interessiert, kann ich extrem abdriften. Wie Schulkinder eben …«[49]

Die vermeintliche Schwäche 👎

»*Zu* verträumt« kann auch in Zusammenhang mit »*zu* ernst«, »*zu* ruhig« auftreten und sehr belastend sein, wie das folgende Beispiel zeigt:

Ich war in meiner Kindheit *zu* verträumt. Nach Ansicht meiner Mutter – mein Vater starb schon, als ich zwölf Jahre jung war, vorher war er viele Jahre krank und für mich »wenig greifbar« – war ich der kleine Träumer, auch in der Jugendzeit noch. Rückblickend meine ich, dass ich damals sehr, sehr traurig war und den Verlust meines Vaters niemals verarbeitet habe. Als ich dann mit 58 Jahren schwer an Depressionen erkrankte, für mehr als drei Jahre, kam in der Tiefenpsychologie dieser Verlust sehr schmerzhaft zur harten Sprache. Bis dahin waren der Verlust und die fehlende Verarbeitung niemals aufgearbeitet worden. Selber habe ich das unterdrückt, um eben nicht als Träumer, als Schwacher dazustehen.

Zu ernst war ich wohl auch, weil ich die Kindheit immer als belastend empfunden habe. Sich freuen zu können wie Gleichaltrige war mir eigentlich verwehrt, ja unmöglich. So hieß es dann auch, ich könne mich nicht »richtig« freuen, ich ginge *zu* wenig mit Gleichaltrigen um, ich sei *zu* ernst, ich sei *zu* wenig unbeschwert, ich ginge *zu* wenig weg. Eigentlich klar, ich hatte wenig Taschengeld, weil meine Mutter vier Kinder zu versorgen hatte, als ihr Mann mit 52 Jahren starb. Gefühlt habe ich mich als Mängelwesen, weil ich selber in meiner Rolle unzufrieden war und da schon raus wollte, aber ohne zu wissen, wie. Erst im Studium, 200 Kilometer weg von zu Hause, ging's bergauf, weil die neue Umgebung von meinen Altlasten ja nichts wusste. Prima!

Eine gewisse Grundtraurigkeit ist mir geblieben. Damit kann ich inzwischen gut leben. Für mich selbst habe ich jetzt einen Weg gefunden, wie ich mit meinen Kindheits- und Jugendträumen leben kann: Ich möchte malen können und dürfen, ohne dass jemand das als Zeitverschwendung bezeichnet und mir damit ein schlechtes Gewissen einredet, das ich eh leicht bekomme. Vielleicht verstehe ich jetzt eher Menschen, die sich irgendwie schwertun mit der Taxonomie der Erwachsenenwelt.

Stephan J. Mitterwieser, 62, über 30 Jahre lang Mittelschullehrer, nach krankheitsbedingtem Ruhestand heute eigenes Kunstatelier und Referententätigkeit im Medienbereich für Erwachsene

Kurz und bündig: Wer *zu* unkonzentriert ist, passt nicht richtig auf, bleibt nicht bei der Sache, bekommt wichtige Dinge nicht mit, die sich in der realen Welt abspielen. Als Schüler weiß er nicht, wo die anderen sind, was die Lehrkraft gefragt hat, welche Hausaufgaben er auf hat. Nervig! Manchmal richtig zum Verzweifeln! Für die Eltern. Für die Lehrer. Für die Schüler selbst.

Die Stärke in der Schwäche

Aber: Wer verträumt ist, hat immerhin Träume. Er hat Gedanken, denen er sich zuwenden mag, zu denen er sich wegträumt. Keiner kann von außen beurteilen, welchem Gedankengang der Träumer gerade folgt.

Laut Simon M. Laham gebe es Schätzungen, dass Menschen durchschnittlich etwa 30 bis 40 Prozent ihrer Zeit mit Tagträumen verbringen. Aber, so Laham, »wenn die Gedanken abschweifen, begeben sie sich oft auf Pfade, die interessanter und wichtiger sind als die Aufgaben, mit denen man sich aktuell beschäftigt«. Selbstverständlich werden Sie keinen Lehrer mit dieser Aussage besänftigen, der über die Unaufmerksamkeit Ihres Kindes empört ist, aber Sie selbst können sich mit dem trösten, was Laham über die Ergebnisse einer Studie der Psychologen Deborah Greenwald und David Harder berichtet: Der

Geist schweife ab, um Möglichkeiten der Alltagsbewältigung zu finden. Auch dem Gehirn helfe das Abdriften, es sei danach leistungsfähiger in Bezug auf andere Aufgaben. Und schließlich führe bewusstes Nachdenken über eine Sache oft zu schlechteren Ergebnissen, weil wir Menschen oft zu viel Gewicht auf plausible, naheliegende Eigenschaften legen.[50] Sprich: Die Fähigkeit zum Tagträumen kann durchaus zu besseren Entscheidungen führen als das brave Bei-der-Sache-Bleiben.

> In meiner Schulzeit war ich *zu* unkonzentriert, *zu* faul, *zu* hibbelig, *zu* laut – aus heutiger Sicht wohl ein ADHS-Kind. Mich hat das nur genervt, ich dachte immer: »Ich bin so, wie ich bin!« Meinen Eltern hat es wenig gebracht, nach Lehrergesprächen haben sie immer das Gesagte wiederholt, also: »Du bist *zu* unkonzentriert, du könntest mehr ...« Ich selber habe mich dabei tatsächlich wie ein Mängelwesen gefühlt, da ich oft auch mit »Besseren« verglichen wurde.
>
> Durch meine ganz persönliche Art war ich der Klassenclown und daher auch beliebt. Ich konnte gut unterhalten, was mir heute in meiner Arbeit immer noch gelingt und sich positiv auf Klienten (egal, ob Kinder oder Erwachsene) auswirkt.
>
> *Silke Klatt, 28, Sozialpädagogin*

Tipps für Eltern

- Stellen Sie sich vor, wie Ihr Kind seinen Geist entlastet, indem es träumt.
- Denken Sie daran, wie viele Menschen, aus denen etwas geworden ist, in ihrer Schulzeit als *zu* unkonzentriert galten.

- Gestehen Sie sich ein, dass es auch Ihnen nicht gelingt, immer konzentriert zu bleiben.
- Beobachten Sie bewusst, bei welchen Gelegenheiten Ihr Kind konzentriert bleiben kann.
- Schaffen Sie Gelegenheiten, bei denen es Ihrem Kind leichtfällt, konzentriert zu bleiben.
- Hoffen Sie darauf, dass sich Ihr Kind, wenn es sich beruflich später mal in erster Linie mit Dingen beschäftigen kann, die es interessieren, viel besser konzentrieren kann.
- Akzeptieren Sie, dass Ihr Kind nicht absichtlich wegdriftet. Machen Sie ihm also nicht immer wieder Vorwürfe.
- Suchen Sie sich Rat von Fachleuten, wenn der Leidensdruck zu groß ist.

Zu extravertiert, *zu* lebhaft, *zu* geschwätzig, *zu* albern, mit *zu* wenig Ernst bei der Sache

Alle Eltern von lebhaften, redefreudigen, fröhlichen Kindern können ein Lied davon singen: Das Kind redet *zu* gerne und *zu* viel. Es sucht *zu* sehr die Aufmerksamkeit. Es ist *zu* selten ruhig, macht *zu* gerne Späße und bringt *zu* wenig Ernsthaftigkeit auf. Vielleicht kann es auch nicht ruhig sitzen, ist *zu* oft in Bewegung, guckt sich ständig um, kippelt mit dem Stuhl.

Viele der heute erfolgreichen Schauspieler, Entertainer, Moderatoren, Comedians, Kabarettisten, Imitatoren usw. waren ehemalige Klassenclowns. Von Harald Schmidt zum Beispiel erzählt man sich, er habe in der Schule gerne dazwischengeredet und sei mehr als Klassenkasper als durch gute Noten aufgefallen. Der Schauspieler, Komiker, Autor und Synchronsprecher Christian Tramitz gibt auf die Frage »Sie waren der Klassenclown. Hat sich das in Ihren Noten niedergeschlagen?« die Antwort: »Total, ich war kein guter Schüler. Meinen anfänglichen Bonus – meine ältere Schwester war als exzellente Schülerin bekannt – hatte ich schnell verspielt. Für meine Lehrer ein böses Erwachen! Mein Abischnitt von 4,0 sagt schon alles.«[51] Und die Schauspielerin Nadja Uhl berichtete im Familienmagazin Nido, sie sei früher ein Klassenclown gewesen und sei oft in eine Traumwelt eingetaucht. »Es ist wichtig«, sagt sie im Interview – ganz im Sinne dieses Buches –, »als Kind nicht ständig zu hören, dass du verkehrt bist. Die Kinder sind toll so, wie sie sind.«[52]

Vermutlich wären all diese jetzt so erfolgreichen Menschen nicht geworden, was sie sind, wenn sie damals nicht »*zu …*« gewesen wären.

Die vermeintliche Schwäche 👎

Vor einiger Zeit hielt ich eine Lesung vor 5. Klassen. Ein Junge fiel mir die gesamte Lesung über positiv auf. Er wirkte hellwach, dachte mit, stellte brillante Fragen und zog kluge Schlüsse. Am Ende bedankte er sich für die Lesung und sprach den schönen Satz: »Sie haben Ihre Welt der unseren nähergebracht.« Nach der Lesung stand ich kurz mit seiner Lehrerin zusammen. Ich wies unauffällig auf den Jungen und sagte: »Der ist aber etwas ganz Besonderes!« Worauf die Lehrerin seufzend nickte. »Ja, allerdings, der ist eine ganz besondere Nervensäge. Der nervt wirklich alle mit seinem ewigen Reden.«

Diese Äußerung löste zweierlei in mir aus: Erstens übermannte mich eine Woge von Mitleid und Betroffenheit. Dieser arme Junge wurde so gar nicht wertgeschätzt, obwohl er doch eindeutig tolle Qualitäten hatte. Zweitens folgten dem Mitleid Ernüchterung und Selbsterkenntnis: Nicht selten nerven mich Schüler dieser Kategorie ebenfalls, wenn sie im Unterricht fortwährend reden, fragen, kommentieren, sich in den Vordergrund spielen. Ja, es stimmt einfach: Man kann es so, aber auch ganz anders sehen.

Im folgenden Beispiel wird zwar der Bemängelungsstempel kräftig geschwungen, aber es zeigt auch, wie sehr das Kommunikative, das während der Schulzeit zu Kritik führte, beruflich half – und zwar in doppelter Hinsicht.

> In der Schule war ich wohl »*zu* geschwätzig«. War ich mit meinen Aufgaben fertig, half ich anderen dabei. Nicht Sinn und Zweck, aber nett gemeint. Dies wurde auch im Zeugnis erwähnt und ich wurde gebeten, mich diesbezüglich zurückzunehmen. Auch schrieb ich *zu* viel. Nach Schulproben kamen Kommentare wie: »Du hast wieder einen ganzen Roman geschrieben.« An sich gut, aber nicht, wenn man damit das Thema verfehlte, weil es um kurze und genaue Zusammenfassungen ging und nicht um kreative Eigeninterpretationen. Ich muss aber sagen, dass ich dennoch immer gute Noten hatte und mir die Schwächen als Interesse und Mitarbeit ausgelegt wurden, auch wenn es hin und wieder für die Lehrer »*zu* viel« war. Geholfen haben die Bemängelungen nichts. Ich konnte meine »Geschwätzigkeit« noch nie recht in den Griff kriegen und meine Eltern auch nicht. Hin und wieder wollte ich es ändern, weniger auffallen. Aber ich glaube, ich wusste recht früh, dass ich halt einfach so bin. Heute muss ich schmunzeln. Lange Zeit habe ich als Trainerin gearbeitet und genau hier kamen mir »Geschwätzigkeit« und Hilfsbereitschaft zu Hilfe und wurden zur Stärke. Auch als Personalerin sehe ich es immer noch als Vorteil. Und das viele Schreiben ist natürlich die optimale Vorbereitung für mein Autoren-Sein gewesen.
>
> *Ramona Jakob, 40, Personalerin und Autorin*

Dass der Vorwurf, *zu* unruhig zu sein, absolut kontraproduktiv sein kann, wird deutlich, wenn man das Folgende liest. Welch Glück, dass die Bemängelungen nicht alles noch schlimmer machten, sondern dass das Hinzuziehen eines Fachmannes so helfen konnte!

> Als Kind habe ich stark gestottert. Das war mal schwächer, mal aber auch sehr stark. Natürlich hieß es dann: Der Junge ist *zu* zappelig, *zu* nervös, *zu* unruhig. Mithilfe eines guten Logopäden habe ich dann zu mehr Ruhe, einem besseren Atmen gefunden und seither ist das Stottern weg. Und ich habe – das finden manche befremdlich, aber eigentlich passt es – als Pastor ausgerechnet das Sprechen vor Menschen zu meinem Beruf gemacht.
>
> *Dr. Johann Hinrich Claussen, 52, Kulturbeauftragter des Rates der Evangelischen Kirche in Deutschland*

Die Stärke in der Schwäche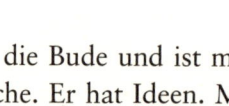

Wer lebhaft ist, bringt Leben in die Bude und ist mit Leidenschaft und Feuereifer bei der Sache. Er hat Ideen. Man spürt, wie das Leben pulsiert. Wer gerne redet, dem fällt ständig etwas ein. Er ist mitteilsam und kommunikativ und somit alles andere als langweilig oder ein nur auf sich selbst bezogener Einzelgänger.

Auch das Lachen hat sehr positive Folgen: Viele Menschen, die besonders alt werden, haben erwiesenermaßen eine heitere Grundhaltung zum Leben und lachen gerne. Man könnte also sagen: Lachen verlängert das Leben. Dass extravertierte Menschen sich ihre gute Laune auch als Erwachsene nicht so schnell verderben lassen, haben Tanja Lischetzke und Michael Eid in mehreren Studien nachgewiesen. Die Extravertierten waren im Alltag deutlich besser darin, sich eine positive Stimmung zu erhalten als die Introvertierten. Ja, sie konnten angenehme Gefühle besonders gut genießen.[53]

Sebastian Herrmann berichtet von einigen Studien, in denen die Bedeutung des Humors im Beruf untersucht wurde. Wer sich traue, Scherze zu machen und seine Kollegen zum Lachen zu bringen, wird demnach in einem positiven Licht – weil selbstsicher und kompetent wirkend – gesehen. Humorvolle Kollegen hätten sogar hinsichtlich ihrer Karriere bessere Chancen. Auch die Leistung einer Gruppe verbessere sich durch Humor, sie sei kreativer und produziere mehr gute Ideen. Humorvolle Vorgesetzte wiederum würden von ihren Mitarbeitern als besonders intelligent, kompetent und effektiv bewertet. Humor sei nur dann riskant, wenn man sich vergreife und Witze mache, die von den anderen als peinlich beurteilt würden.[54]

Ich war ein schlechter Schüler, der in der Schule ganz offensichtlich das Bedürfnis hatte, sich zu präsentieren. Zum einen ließ ich mich zum Klassensprecher wählen, zum anderen gab ich den Klassenclown, so oft sich die Möglichkeit bot – Letzteres sehr zum Leidwesen meiner Lehrer. Sie versuchten meine komödiantischen Einlagen nach Kräften zu unterbinden. Nach vielen Tiefen und zwei Klassenwiederholungen verließ ich die Schule – völlig lustlos und ausgebrannt. Ich hatte keinen Abschluss, noch nicht mal den der Hauptschule.

Genau die Eigenschaft aber hat mich später erfolgreich gemacht, die mich in der Schule so oft in Schwierigkeiten gebracht hatte. An meiner Akademie stehe ich als Dozent ja auch irgendwie auf der Bühne. Und wenn ich auf dieser Bühne Wissen vermitteln und dabei noch gut unterhalten kann, sind die Leute dankbar und kommen gerne zu mir. Für mich selbst ist es genau das, was mich mit Freude und Energie erfüllt.

Wenn ich heute reflektiere, wie es anders hätte laufen können, komme ich zu dem Schluss: Hätten meine Lehrer, anstatt mich immerzu zu kritisieren, meine Energien in andere Bahnen gelenkt, hätte ich ihren Unterricht nicht so oft gestört. Wir hatten damals zum Beispiel eine Theater-AG, aber keiner hat mich ermutigt, sie zu besuchen. Wäre es mir möglich gewesen, mich auf einer anderen Bühne als der des Unterrichts zu produzieren, hätten sie es bestimmt leichter mit mir gehabt. Beruflich wäre ich vermutlich denselben Weg gegangen, aber in der Schule wäre nicht so viel Energie in die falsche Richtung geflossen.

Walter Trummer, 54, Leiter der privaten
Fortbildungsakademie carriere & more

Die Stärke der Menschen, denen man die Schwäche nachsagt, *zu* locker und *zu* wenig ernsthaft bei der Sache zu sein, spürt jeder, der die Dinge sehr ernst nimmt und an der Welt und den Menschen manchmal verzweifeln möchte. Denn *sie* nehmen alles nicht so schrecklich ernst. Ja, sicher, diese oder jene Verhaltensweise der Freundin war sehr kränkend, aber ist das wirklich so schlimm? Muss man das so hoch hängen? Ist das so wichtig?

Einer meiner Söhne, dem man das geschilderte Naturell bescheinigt hat, holt mich seit Jahren mit dem einfachen Satz »Ist das wirklich so schlimm?« auf den Boden zurück, wenn ich quasi als HB-Männchen an der Decke klebe. Er hat recht: Nein, so schlimm ist das nicht! So wichtig auch nicht! Man kann – wenn man ehrlich ist – sogar darüber lachen! Und wenn man es nicht tut, hilft das auch nichts.

Apropos Lachen: Mit der Fähigkeit, andere zum Lachen zu bringen, schafft man sich unter Lehrern zwar nicht unbedingt

Freunde, wohl aber im Freundeskreis und in der Partnerschaft. »Er bringt mich so wunderbar zum Lachen.« Diesen Satz habe ich nicht erst einmal von der Freundin oder Frau eines ehemaligen Klassenclowns zu hören bekommen. Und erst vor Kurzem bog sich bei uns eine ganze Tischgesellschaft vor Lachen, als ein ehemaliger Klassenkasper die Geschichte seiner ersten Fahrstunde zum Besten gab. Man hätte diese Geschichte in einem Satz und sehr trocken erzählen können, aber die Glückshormone, die wir alle beim Lachen ausschütteten, verdankten wir eindeutig dem ehemals *zu* albernen Schüler.

Psychologen der Martin-Luther-Universität Halle-Wittenberg berichten in der internationalen Fachzeitschrift »Personality and Individual Differences«, dass Erwachsene mit dem Hang zur Verspieltheit diesen in vielen Situationen positiv nutzen können. Sie seien gut im Beobachten, nähmen leicht neue Perspektiven ein und gestalteten monotone Aufgaben für sich interessant. Sie seien dazu in der Lage, Situationen so umzudeuten, dass diese als unterhaltsam und somit nicht so stressig empfunden würden. Wobei Verspieltheit nicht mit Humor gleichzusetzen sei. Verspieltheit, so die Autoren, stellt eine eigene Komponente dar, die durchaus positiv gesehen werden muss, obwohl sie gerade im deutschen Sprachraum eher negativ mit Unzuverlässigkeit assoziiert wird. Dabei sei es ganz anders: Verspielte Menschen könnten durch ihre Bereitschaft und Fähigkeit, die Perspektive zu wechseln, besonders gut ungewöhnliche Lösungen finden.[55]

Tipps für Eltern

- Erfreuen Sie sich an der Vitalität Ihres Kindes.
- Erfreuen Sie sich am Unterhaltungswert Ihres Kindes.
- Erfreuen Sie sich an der Fähigkeit Ihres Kindes, die Dinge nicht so schwer zu nehmen.

- Akzeptieren Sie, dass Ihr Kind aufgrund seines Naturells in der Schule immer wieder anecken wird.
- Denken Sie daran, wie viele Menschen, aus denen später »etwas geworden ist«, in ihrer Schulzeit als lebhafte Klassenclowns galten.
- Geben Sie Ihrem Kind voller Wertschätzung zu verstehen, dass seine Eigenart ein Geschenk des Lebens ist, dass es sich im Kontext Schule dennoch ein wenig zurücknehmen sollte.
- Vertrauen Sie darauf, dass Ihr Kind sein Naturell beruflich nutzen wird.
- Vertrauen Sie darauf, dass Ihrem Kind sein Naturell privat – in Beziehung und Freundeskreis – zugutekommen wird.

Zu schnell, *zu* flüchtig, *zu* oberflächlich, *zu* unordentlich

Auch in diesem Kapitel habe ich ein Paket aus unterschiedlichen, aber doch ähnlichen Bemängelungen geschnürt. Viele Menschen machen von klein auf alles eher schnell. Sie arbeiten dadurch eher flüchtig und neigen durch das Eilige zu Oberflächlichkeit. Möglicherweise richten sie bei alledem auch noch eine gehörige Portion Unordnung an.

Die vermeintliche Schwäche 👎

Als ich mich nach dem Abitur für mein allererstes Praktikum als angehende Lehramtsstudentin bewarb, musste ich einen Antrag ausfüllen. Ich tat dies, wie ich es gewohnt war, wie es meine Art war, wie ich es viele Schuljahre lang getan hatte: schnell! Der Schulrat, der gerade des Weges kam, konnte nicht umhin, eine Bemängelung auszusprechen: »Für eine Lehrerin ist Ihre Handschrift viel *zu* flüchtig!« Der Mann hatte recht, wie ich wenig später feststellen durfte. Mit einer solch hingefetzten »Klaue« konnte man nicht an die Tafel schreiben, zumindest nicht, wenn man wollte, dass die Schüler das Geschriebene lesen konnten.

Zu schnell, das würde ich noch heute als eines meiner Markenzeichen sehen. Wie oft ich ausspreche, »nur schnell« noch etwas tun zu wollen, davon können die Menschen in meiner Umgebung ein nicht immer lustiges Lied singen. Ich schaffe vieles, fühle mich tüchtig, es geht mir gut mit mir und meiner Eigenart – bis es dann eben nicht mehr gut geht und ich mich selbst überhole. Scherben, blaue Flecken, manchmal auch eine ganze Spur des Grauens sind die Folgen. Leider esse ich auch schnell und schiele dann vor leer gegessenem Teller immer neidvoll auf die, die es sich ganz gemütlich schmecken lassen.

Obwohl ich das alles weiß, bleibe ich dabei. Es gelingt mir immer nur extrem kurz, meine Bewegungen und Tätigkeiten nicht schnell auszuführen. Wenn jemand langsam mit mir spricht, muss ich mich sehr beherrschen, dass ich seine Sätze nicht vervollständige. Wenn ich an der Supermarktkasse der Dame vor mir zusehe, wie sie mit Seelenruhe eine Ware nach der anderen auf dem Förderband platziert, würde ich für sie gern drei Gänge höher schalten. Wenn jemand schlichtweg lange für eine Sache braucht, möchte ich schreien: »Du bist *zu* langsam. Du bist nicht tüchtig. Mach doch mal!!!« Ich darf mich also als Fachfrau in der Disziplin der *zu* Schnellen betrachten. Und ich weiß, dass es eben durchaus eine Schwäche sein kann, bei allem immer Vollgas zu geben. Genauso, wie es eine Schwäche sein kann, flüchtig und oberflächlich zu arbeiten, weil dabei Wichtiges übersehen werden kann und weil der Tiefgang fehlt.

Am meisten stigmatisiert aber dürften sich die Menschen mit dem Markenzeichen »*zu* unordentlich« fühlen. Viele bekennende Ordnungsfanatiker rücken dies in die Nähe von ungepflegt, schmuddelig, unorganisiert, undiszipliniert. Dabei hat der österreichische Dramatiker Arthur Schnitzler es so wunderbar formuliert: Ordnung sei etwas Künstliches, das Natürliche sei das Chaos. Und Axel Braig sagt: »Der Ordnung eine lange Nase zeigen ist ein wichtiges Mittel, um uns hin und wieder zu vergewissern, dass wir noch am Leben sind.«[56]

Die Stärke in der Schwäche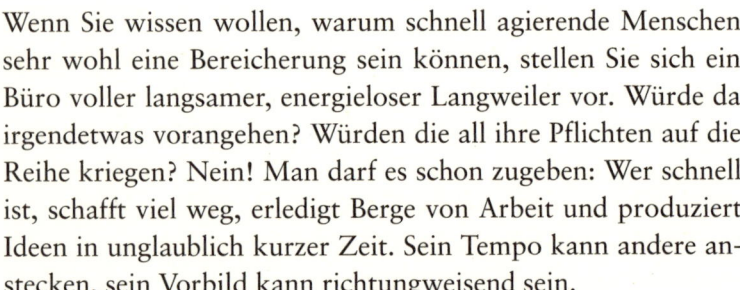

Wenn Sie wissen wollen, warum schnell agierende Menschen sehr wohl eine Bereicherung sein können, stellen Sie sich ein Büro voller langsamer, energieloser Langweiler vor. Würde da irgendetwas vorangehen? Würden die all ihre Pflichten auf die Reihe kriegen? Nein! Man darf es schon zugeben: Wer schnell ist, schafft viel weg, erledigt Berge von Arbeit und produziert Ideen in unglaublich kurzer Zeit. Sein Tempo kann andere anstecken, sein Vorbild kann richtungweisend sein.

Dass dabei nicht immer alles so in die Tiefe geht, dass manchmal die Qualität unter der Quantität der Arbeit leidet, sprich: dass eine gewisse Oberflächlichkeit Einzug hält, muss nicht schlimm sein. Nicht alles auf dieser Welt muss mit Gründlichkeit erledigt werden. In manchen Berufen und in manchen Situationen ist es sogar dringend nötig, schnell zu sein und nicht lange abzuwägen. Wie oft erzählen Menschen uns ausführlich, fundiert und mit Tiefgang, langweilen uns dabei aber entsetzlich?! Weil wir es so genau gar nicht wissen wollten. Weil es einem den Kopf sprengt, wenn man das gesamte Weltwissen tiefgründig speichern soll.

Aber auch, wenn das Chaos einzieht, wenn es richtig unordentlich wird, gilt zunächst einmal die Devise: Das ist keine Unordnung, hier liegen nur überall Ideen rum. In manchen Kulturen ist es sogar üblich, in Unordnung zu leben. So schlimm kann es also nicht sein! In verschiedenen Versuchen konnte nachgewiesen werden, dass unordentliche Menschen kreativere und originellere Ideen entwickeln können als ordentliche. Ja, die Unordnung animiert demnach sogar dazu, sich von konventionellem Denken zu lösen. Prominentes Beispiel für das Potenzial, das in Unordnung liegt: Alexander Fleming und seine Entdeckung des Penicillin, die er nie gemacht hätte, hätte sich in seinem Laborchaos nicht der Schimmelpilz ausbreiten können.

Eric Abrahamson und David H. Freedman sagen in ihrem Buch *Das perfekte Chaos*, dass sich Ordnung nicht lohne. Menschen, die eher unordentlich seien, seien meist widerstandsfähiger, kreativer und effizienter als ordentliche.[57] Abrahamson, Professor für Business Management an der New York University, widmete sich in seinen Untersuchungen auch den verschiedenen Arten der Unordnung und fand heraus, dass Kreativität angeregt wird, wenn Dinge aus unterschiedlichen Kategorien zusammengebracht werden. Im Gegensatz zum ordentlichen Umfeld seien so neue Kombinationen möglich, auf die man im ordentlichen Umfeld einfach nicht komme. Unordentliche Menschen sind also – zumindest in puncto Kreativität – im Vorteil. Nicht umsonst nutzt man in Gruppen gerne das unsystematische Brainstorming, um auf originelle Ideen zu kommen. Vielleicht kennen Sie auch das effektive Lösen von Problemen beziehungsweise das Produzieren neuer Ideen in der Phase des Halbschlafs, in der es alles andere als geordnet im Hirn zugeht.

Außer den Vorteil »Kreativität« listet Ingrid Glomp in ihrem Beitrag »Schon in Ordnung!« weitere Vorteile des Unordentlich-Seins auf:[58]

1. Unordnung ist manchmal effizienter.
   Auch wenn Ordnung das Finden erleichtert, so macht es doch auch Arbeit und kostet Zeit, diese Ordnung herzustellen und zu erhalten. Es ist eben durchaus auch möglich, anstelle der Methode »Einordnen« die des »Stapelns« zu verwenden, Neues immer obendrauf zu lagern und irgendwann einmal das Unterste wegzuwerfen.
2. Unordnung hilft beim Denken.
   Auch was wie ein großes Durcheinander aussieht, stellt eine

Denk- beziehungsweise Gedächtnisstütze dar: Wir merken uns, dass die Arbeit von gestern Abend links vorne auf dem Schreibtisch liegt und dass der Stapel mit den wichtigen Unterlagen für die Präsentation hinten auf dem Boden lagert. Zusammenhänge werden so repräsentiert, Gedankengänge hergestellt. Wogegen ein aufgeräumter Schreibtisch oder ein aufgeräumtes Zimmer keinerlei Informationen ans Hirn senden.

3. Unordnung ist ein Zeichen von Autonomie.

Wenn jeder Mensch sich seine Umgebung so gestalten darf, wie es seinem Wohlbefinden entspricht, fühlt er sich wohler, als wenn er sich irgendwelchen Ordnungsdiktaten fügen muss. Dies wiederum wirkt sich auch positiv auf seine Leistung(sbereitschaft) aus.

4. Unordnung zwingt uns aufzupassen.

Manchmal nimmt uns die Ordnung das Denken ab, wodurch wir unaufmerksam werden. Ein Beispiel ist der Straßenverkehr: Wenn alles ordentlich durch Schilder und Regeln festgelegt ist, halten wir Menschen uns stur daran. Ist dies nicht der Fall, müssen wir aufpassen und uns verständigen. Letzteres ist sicherer als das reine Befolgen von Vorschriften, allerdings – und das darf nicht verschwiegen werden – nur dann, wenn es sich um eher niedrige Geschwindigkeiten handelt.

Wer jetzt noch immer denkt: »Was hilft mir dies alles beim Umgang mit meinem extrem chaotischen Kind?«, dem sei gesagt: Wir sollten prinzipiell den Mut haben, uns von tradierten Glaubenssystemen und Moralvorstellungen wie »Unordnung ist schlecht, Ordnung ist gut!« zu distanzieren. Wir sollten versuchen, unserem Kind zu vermitteln, dass es Szenarien gibt, in denen die Ordnung der Unordnung überlegen ist. Und wir sollten ihm wünschen, dass das Deckelchen, das sich mal zum Kind gesellen wird, auf dieses Töpfchen passt, auch wenn es eine unkonventionelle Haltung zur Ordnung hat. Denn wie mit kaum einer anderen »Schwäche« kann hier ein Dauerkonflikt generiert werden, den man niemandem wünschen möchte, schon gar nicht dem eigenen Kind. Einfacher gesagt: Wir sollten unser Kind dafür sensibilisieren, dass eine Partnerschaft zwischen einem bekennenden Chaoten und einem Ordnungsfanatiker nicht einfach ist.

Tipps für Eltern

- Erfreuen Sie sich am Tempo Ihres Kindes.
- Erfreuen Sie sich an der Fähigkeit Ihres Kindes, nicht alles akribisch auszuführen, sondern auch mal flott nur das Wichtigste zu erledigen.
- Akzeptieren Sie, dass Ihr Kind aufgrund seiner manchmal flüchtigen Arbeitsweise in der Schule öfter mal anecken wird.
- Vertrauen Sie darauf, dass Ihr Kind aufgrund seiner schnellen Gangart in vielen Bereichen erfolgreich sein wird.
- Vertrauen Sie darauf, dass das Unordentliche Ihres Kindes auch Positives birgt und ihm nützen kann.
- Versuchen Sie Ihrem Kind zu vermitteln, dass Unordnung per se zwar nicht schlecht, aber in manchen Szenarien der Ordnung unterlegen ist.
- Versuchen Sie Ihr Kind dafür sensibel zu machen, dass »Augen auf bei der Partnerwahl!« auch auf die Einstellung zum Thema »Ordnung« bezogen werden sollte.

Zu langsam, *zu* begriffsstutzig, *zu* unpünktlich

Hier nun das Kontrastpaket zum vorigen Abschnitt: Als *zu* langsam werden viele junge Menschen kritisiert, manchmal wirft man ihnen auch ihre Bedächtigkeit vor oder brandmarkt sie als begriffsstutzig. Nicht selten haben die Langsameren auch ein Problem damit, ihre Tätigkeiten zum richtigen Zeitpunkt zu Ende zu bekommen und fallen deshalb durch ihre Unpünktlichkeit in Ungnade.

Zunächst einmal: Die Umgebung, in der wir leben, hat großen Einfluss auf unseren Umgang mit der Zeit. So verhalten sich zum Beispiel Menschen in wirtschaftlich starken Ländern, Großstädten und individualistischen Kulturen in Bezug auf die Geh- und Arbeitsgeschwindigkeit eher schnell, in warmen Ländern dagegen eher langsam. Wenn du in Südspanien pünktlich kommst, hat mir jemand erzählt, der lange dort gelebt hat, bist du ein Sklave der Zeit. Wenn du *zu* spät kommst, zeigst du: Du bist Herr deiner Zeit! Wer allerdings in Deutschland unpünktlich ist, dem wirft man vor, er habe keinen Respekt vor dem anderen, vor dem, der wartet, der mit etwas beginnen, der irgendwohin fahren möchte.

»Während für 98 Prozent der Deutschen die ›akademische Viertelstunde‹, also 15 Minuten, die maximale Wartezeit sind, gilt etwa in Lateinamerika die Latinozeit: Verspätungen von bis zu zwei Stunden sind da nicht unüblich«, schreibt Simone Einzmann in ihrem Artikel »Schon wieder zu spät!«[59].

Als ich mit meinen Söhnen drei Wochen bei einer befreundeten südamerikanischen Familie verbringen durfte, wurde ich genau deshalb zur Lachnummer. Ich sah es an ihren Blicken: Sie verstanden nicht, was mit mir los war, als ich immer wieder zur verabredeten Zeit bereitstand. Selbst als meine sehr lieben Gastgeber uns am Ende unseres Aufenthalts zum Flughafen brachten, fuhren sie so viel später los, als wir vereinbart hatten, dass mir der Schweiß ausbrach und mir meine freundschaftlichen Gefühle kurzzeitig abhandenkamen. Natürlich erreichten wir unseren Flug trotzdem, aber meine Nerven flatterten noch eine ganze Weile.

Ein Bekannter erzählte mir, in Kroatien habe ein Freund zwei Stunden auf dem Bahnhof auf ihn warten müssen, weil der

Zug Verspätung hatte. Er wartete unverdrossen und betrachtete die zwei Stunden nicht als verlorene Zeit, sondern als Zeitgeschenk. Er setzte sich in die Bar und knüpfte jede Menge netter Kontakte.

Der Umgang mit Zeit ist also sehr unterschiedlich. Und die Bewertung von Pünktlichkeit ebenfalls, was auch der folgende Satz zeigt: »Pünktlichkeit ist die Kunst abzuschätzen, um wie viel sich der andere verspätet.«

Was die Langsamkeit an sich betrifft, warnt der Bestsellerautor Remo Largo immer wieder davor, Kinder miteinander oder mit einer Durchschnittsnorm zu vergleichen. Jedes Kind wolle und müsse Lernerfahrungen entsprechend seinem individuellen Entwicklungsstand machen.

Die vermeintliche Schwäche

Als meine Kinder klein waren, hatten sie die Ruhe weg. Die Nahrungsaufnahme geriet fast immer zum zeitaufwändigen Event. Aber auch die anderen Dinge des Lebens wurden in aller Seelenruhe erledigt. Das brachte mich oft genug zur Raserei. »Wir werden zu spät kommen!« – Das war mein Satz. Und ja, wir kamen zu spät. Zum Kindergarten, zum Ski-Sammelplatz, zum Besuch. Ehrlich gesagt: nicht oft. Eher selten. Aber jedes einzelne Mal betrachtete ich als persönliche Kränkung. Ich, die Schnelle, wurde vorgeführt, von meinem eigenen Nachwuchs. War plötzlich nicht mehr pünktlich, hatte die Sache nicht mehr im Griff. Ich ärgerte mich.

Wenn ich noch ehrlicher bin, ist nie etwas Gravierendes passiert. Der Betrieb des Kindergartens brach nicht zusammen, weil auch wir – wie so viele andere – es nicht immer auf die Minute schafften. Der Skiklub litt nicht wirklich unter einem zweieinhalb Minuten zu spät in seiner Skimontur steckenden Kind. Der Besuch hätte in den fünf Minuten, die wir zu spät kamen, aus seinem Leben auch nichts Besseres machen können.

Das Einzige, was passierte, waren maßregelnde, spöttische Bemerkungen. Gegen »die Langsamen«, die da meine Kinder waren. Und damit gegen mich.

Wäre ich nur immun dagegen gewesen, stolz und selbstbewusst! So viele nervöse kleine Menschen habe ich inzwischen gesehen. Denen es wichtig war, auf keinen Fall langsam zu sein. Die so klein schon im Wettbewerb steckten, sich hineinstecken hatten lassen.

In aller Seelenruhe – hätte ich mir diesen Ausdruck nur auf der Zunge zergehen lassen! Was kann es Schöneres geben als Seelenruhe! Aber so weit war ich damals noch nicht.

Ich witterte Schlimmes. Wie würden sie in der Schule zurechtkommen? Wie im Ernst des Lebens? Würden sie nicht immer hinterherhecheln? Hinter den Schnellen, den Erfolgreichen?

Kurz und gut: Ich schob sie. Ich trat sie. Ich versuchte, den Beschleuniger reinzuhauen.

Bis mir ein kluger erwachsener Mitmensch seine eigene Geschichte erzählte: immer *zu* langsam gewesen, immer geschoben worden, nie gelernt, auf sich selbst zu hören. »Bis heute warte ich darauf, dass mich jemand anschiebt«, gestand er ehrlich. »Tu das nicht!« Ich versuchte auf ihn zu hören ...

Inzwischen sind sie erwachsen. Ich kann heute nicht sagen, ob es immer gut geht. Da wüssten die Lebenspartnerinnen wohl mehr zu erzählen. Aber ich bin dankbar für die Ruhe, die jeder von ihnen ausstrahlt – oft genug auch auf mich. Der jungen Mama von ehedem möchte ich einen gewaltigen Stoß versetzen und sagen: »Erfreu dich daran, wie sehr sie in sich ruhen und wie wenig sie sich von außen aus der Ruhe bringen lassen!«

Rita Gerber, 60, Lehrerin, nach: »Hätte ich das früher gewusst ...«[60]

Ja, als Eltern von langsamen Kindern hat man oft das Gefühl, sie seien nicht in Ordnung, man müsse sie »beschleunigen«. Gerade aus der Schule wird ja oft gemeldet: »Er/sie ist einfach *zu* langsam. Alle anderen sind schneller.« In meinem eigenen Bekanntenkreis gab es einen Jungen, den ich vor der Einschulung als bedächtigen, langsam, aber klug agierenden Jungen erlebt hatte. Nach der Einschulung gab es vor allem diese Rückmeldung, immer wieder: »Er ist viel *zu* langsam.« Die Pforten zu höheren Schulen wären ihm verschlossen geblieben, wenn nicht seine Mutter beharrlich an ihn geglaubt hätte. Inzwischen hat er sein Abitur gemacht und wird wohl seinen Weg gehen.

Eine gebildete und beruflich erfolgreiche Freundin erzählte mir, eine Lehrkraft habe ihr immer wieder zu verstehen gegeben, wer so begriffsstutzig sei wie sie, solle sich auf eine Karriere als Straßenkehrerin einstellen. Mehr sei bei ihr nicht drin.

Und Kinder, die ihre Pünktlichkeit nicht in den Griff bekommen, bekommen postwendend etwas anderes: große Probleme mit der Schule. Gerade für Kinder, die nicht aus dem nordeuropäischen Kulturkreis stammen, kann dies eine echte Herausforderung darstellen.

Wie gut, dass Diana DeLonzor als Zeitmanagementexpertin zwischen den Anhängern der Pünktlichkeit und den Unpünktlichen vermitteln möchte. Zu diesem Zweck hat sie sieben verschiedene Unpünktlichkeitstypen ausgemacht: die Rationalisierer, die die Schuld für die Verspätung niemals bei sich selbst suchen, die Betriebsamen, die jede freie Minute nutzen, die Deadliner, die den Kick lieben, die Undisziplinierten, denen es an Selbstkontrolle fehlt, die Rebellen, die sich gegen äußere Zwänge wehren, die verwirrten Professoren, die vergesslich sind und Termine verbummeln, und die Vermeider, die ein negatives Selbstbild haben.[61]

Vielleicht sollten wir Eltern erst mal herausfinden, welchem Typ unser Kind zugeordnet werden kann, ehe wir uns grämen oder vorschnelle Maßnahmen ergreifen.

Die Stärke in der Schwäche 👍

Und vielleicht sollte man sich mal die ganz große Frage stellen: Durch wen hat die Welt mehr gelitten – durch die, die flott und manchmal übereilt etwas entscheiden oder tun, oder durch die, die lange und gründlich überlegen? Warum also soll es so schlimm sein, wenn das Kind etwas langsamer als die anderen ist? Warum soll man jungen Menschen das Gefühl vermitteln, die Schnellen aus der Klasse, aus dem Verein, aus der Gruppe seien von Haus aus den Langsamen überlegen? Ist es nicht ein großes Plus, wenn man sich von seinem Umfeld nicht aus der Ruhe bringen lässt und bei seinem ureigenen Tempo bleibt? Ist es – gerade in der immer hektischer werdenden Zeit – nicht ein Segen, wenn man unbeirrt und mit Konzentration eine Aufgabe nach der anderen abarbeitet? Wissen wir nicht alle, dass die Schwester der Schnelligkeit die Hektik ist, die wiederum durch ihre negativen Nebenwirkungen Zeitverluste verursacht?

Der emeritierte Professor für Wirtschaftspädagogik und Zeitforscher Karlheinz A. Geißler lebt seit über 30 Jahren ganz ohne Uhr. Seiner Meinung nach habe nur über Langsamkeit die Zwischenmenschlichkeit eine Chance. Immer wieder beklagt er, dass Zeit fehle – für die Schwachen, die Alten, die Kinder.[62] Dass im Langsamen eben auch etwas sehr Kluges, Intelligentes stecken kann, beweist hinlänglich die Geschichte von Albert Einstein, der – wie seine Schwester Maja berichtet – ein gründlich denkender Junge gewesen sei, der Zeit zum Überlegen gebraucht und die gewünschte Antwort nicht sofort parat gehabt habe. Oftmals habe er dafür gebüßt – nicht nur wie heutige Kinder mit Tadel, sondern mitunter mit Schlägen.[63]

Auch der an früherer Stelle bereits erwähnte Daniel Pennac galt als »einer von denen, die wie versteinert und mit dumpfem Hirn vor einem leeren Blatt sitzen«, wie es im Klappentext seines Buches *Schulkummer* so eindrucksvoll heißt.[64] Immerhin wurde er später ein erfolgreicher Lehrer und Autor.

Bücher wie *Die Entdeckung der Langsamkeit* und die Tatsache, dass es seit 1900 einen »Verein zur Verzögerung der Zeit«[65] gibt, zeigen, dass das Diktat des hohen Tempos und der Pünktlichkeit auch anders gesehen werden kann.

Klar, nicht alle Langsamen sind unpünktlich. Aber all denen, die sich wegen der Unpünktlichkeit ihres Nachwuchses grämen, sei gesagt: Unpünktlichkeit kann mit Gelassenheit zu tun haben, der Betreffende lässt sich einfach nicht so leicht aus der Ruhe bringen und geht lockerer durchs Leben – was ja durchaus positiv ist. Menschen, die extremen Wert auf Pünktlichkeit legen, sind oft sehr unlocker und damit leicht gestresst.

Eine Studie hat sogar nachgewiesen, dass Zuspätkommen gesund und erfolgreich macht.[66] Die Erklärung: Menschen, die meist zu spät kommen, sind Optimisten und leben mit dem zuversichtlichen Gefühl: »Irgendwie wird es klappen.« Diese Haltung bezieht sich natürlich nicht nur auf den Umgang mit der Zeit, sondern mit dem Leben überhaupt. Wer so gelassen und zuversichtlich ist, lebt besser und glücklicher. Er erspart sich Stress und hat weniger Probleme mit Blutdruck und Herzfrequenz als sehr gewissenhafte Menschen. Und wie bedingt Unpünktlichkeit größeren Erfolg? Ganz einfach: Wer mit seinem Zeitmanagement eher danebenliegt, muss größeren zeitlichen Druck aushalten und in weniger Zeit mehr schaffen – was nichts anderes heißt, als dass er produktiver arbeitet.

Tipps für Eltern

- Erfreuen Sie sich am ruhigen Wesen Ihres Kindes.
- Erfreuen Sie sich daran, dass es die Seelenruhe hat, die so vielen fehlt.
- Akzeptieren Sie, dass Ihr Kind aufgrund seiner langsamen Arbeitsweise in der Schule immer wieder anecken wird.
- Geben Sie Ihrem Kind voller Wertschätzung zu verstehen, dass das Langsame in seinem Wesen nichts Schlechtes ist, auch wenn es ihm die Schule anders rückmeldet.
- Unterstützen Sie Ihr Kind darin, in Maßen und ohne Druck besser mit der Zeit zurechtzukommen, wenn das Kind selbst unter seiner Langsamkeit leidet.
- Vertrauen Sie darauf, dass Ihr Kind aufgrund seiner langsamen und gründlichen Arbeitsweise in bestimmten Bereichen erfolgreich sein wird.
- Unterstützen Sie Ihr Kind darin, diese Bereiche zu finden, also Lebens- und berufliche Bereiche, in denen die Langsamkeit kein Problem, sondern ein Plus ist.
- Vertrauen Sie darauf, dass das Unpünktliche Ihres Kindes auch etwas mit Gelassenheit zu tun hat.
- Helfen Sie Ihrem Kind dennoch, pünktlicher zu werden, wenn es mit Unpünktlichkeit aneckt.
- Und vergessen Sie nicht, dass nicht wenige Menschen, aus denen etwas geworden ist, in ihrer Schulzeit als langsam, manchmal gar als begriffsstutzig galten.

Zu eigensinnig, *zu* undiszipliniert, *zu* frech, *zu* aufmüpfig

Die meisten von uns mögen Freigeister, die sich vor Autoritäten nicht ducken. Aber wenn sich der freie Sinn, der Eigensinn, dann gegen uns richtet, geraten wir leicht an unsere Grenzen.

Und wenn zusätzlich die Schule meldet, dass das eigene Kind frech und aufmüpfig ist, neigen wir dazu, den kritischen Geist nicht mehr ganz so toll zu finden und ihm ein dickes, fettes *Zu* aufzustempeln. Die Angepassten, die Braven sind ja auch leichter zu ertragen, leichter großzuziehen, leichter zu unterrichten. Sie tun, was man sagt, und hinterfragen nicht ständig Normen.

Die vermeintliche Schwäche

Ja, eigensinnige Menschen können nerven, bis aufs Blut. Sie haben einen starken eigenen Willen und wollen den auch durchsetzen. Sie widersprechen, widersetzen sich, machen Schwierigkeiten. Kein Wunder, dass ausgerechnet der preußische Generalmajor Carl Philipp von Clausewitz den Eigensinn für einen »Fehler des Gemüts« hielt – immerhin erwartet man beim Militär Gehorsam![67] Und in vielen alten Geschichten wird der Eigensinn brutal bestraft.

Hier zwei besonders extreme Beispiele: »Das eigensinnige Kind« ereilt im gleichnamigen Märchen der Gebrüder Grimm der frühe Tod, Paulinchen muss im *Struwwelpeter* verbrennen. Immerhin haben Ludwig Thoma ab 1905 in den *Lausbubengeschichten* und Astrid Lindgren ab 1963 in *Michel aus Lönneberga* eigensinnigen Jungen Denkmäler gesetzt, die keinen traurigen Tod sterben, sondern nett und sympathisch sind.

Wie *zu* eigenwilliges und *zu* aufmüpfiges Verhalten – gepaart mit großer Intelligenz – für die Umgebung geradezu bedrohlich wirken konnte, zeigt der folgende Bericht.

> Am 8. Januar 1937 geschah in Hannover etwas ganz Normales. Ein Kind namens Franz wurde geboren, und dieses in einer ganz normalen Familie in einem ganz normalen Haus an einem ganz normalen Tag. Nur eines

war nicht normal: das Kind. Es hatte eine hohe Intelligenz, was schon im frühen Alter bemerkt wurde. Aber nicht positiv, denn es stellte tiefer gehende Fragen und ließ nicht locker. Manchmal ging eine offene Frage monatelang in seinem Kopf herum und immer wieder versuchte Franz, diese beantworten zu lassen. Darüber hinaus missfiel besonders, dass er leidenschaftlich gern bastelte. Nach einem nicht so ganz geglückten Experiment bekam er Bastelverbot und der Zutritt zur Werkstatt wurde ihm bei harter Strafe verboten. Andere hätte dies wahrscheinlich über Monate abgeschreckt, aber als guter Bastler hatte er zwei lose Bretter in der Werkstattscheune entdeckt. Er konnte diese zur Seite schieben und mittels zweier Spezialanfertigungen wieder von innen her verschließen.

In der Schule versorgte Franz die Klasse mit fertig gemachten Mathematikhausaufgaben und kompensierte so seine Andersartigkeit. Ansonsten war er *zu* unruhig, *zu* aufrührerisch und wollte immer das letzte Wort haben.

Als der Krieg endlich vorüber war, schlug das Bastlerherz wieder höher. Franz sammelte im Gasthaus, das seine Mutter betrieb, aus den Streichholzschachteln der Gäste die unverbrauchten Zündköpfe und konstruierte daraus eine Rakete. Bei einem Test auf der Terrasse einer Tante hinterließ dies einen großen schwarzen Brandfleck auf den weißen Fliesen, eine zerstörte Wandkachel und eine kurze Ohnmacht der besagten Tante. Die Strafe war entsprechend.

In der Schule gab es wie immer Höhen und Tiefen. Er erhielt eine Vorladung zum Direktor, als er in der 7. Klasse eine Erörterung über zwei Seiten in einem Satz vorlegte. Der Deutschlehrer hatte dies als die »ungeheuerlichste Provokation überhaupt« aufgefasst und Franz entging einem Verweis nur knapp. Später sagte er dazu, dass er sich das Thema wie einen Zug vorgestellt habe. Dieses

Bild war so lebendig und klar, dass er es nur abschreiben musste.

Nach dem Abitur begann für Franz das Studium des Maschinenbaus und eine glückliche Zeit.

Konrad Steyer, 56, Kaufmann

Die Stärke in der Schwäche

Prinzipiell ist es immer zu begrüßen, wenn ein Mensch innerlich stark ist. Dazu können wir Eltern beitragen, indem wir unseren Kindern vermitteln, dass Widerspruch und Widerstand nichts Schlimmes sind. Wenn Kinder ermuntert werden, ihre Meinung zu sagen, ihren Willen zu äußern, also ganz bei sich zu bleiben, erhöhen sich die Chancen, dass sie als Erwachsene autonom denken und handeln können. Vor allem steigen die Chancen, dass sie niemandem blind gehorchen werden. Da Widerstand oft auch verbal erfolgt, lernen sie mit jedem Widerwort zu diskutieren und verbessern sich rhetorisch. Eltern wie Lehrer sollten sich meiner Meinung auch als Trainingspartner betrachten: Wo, wenn nicht in Elternhaus und Schule, können junge Menschen üben, ihre kritischen Gedanken zu äußern?

Oft sind eigensinnige Kinder auch besonders durchsetzungsstark, haben die Begabung, andere zu begeistern und zu lenken.

Und irgendwann kommt die große Stunde der Eigensinnigen, die dann meist auch von den Eltern begrüßt wird: wenn sie nicht »mit dem Haufen mitlaufen«, sondern nur tun, was sie selbst für gut halten. Sie haben es ja lange genug geübt: »Ich habe meinen eigenen Kopf. Ich tue nicht einfach, was man mir sagt.« Dies kann auch bedeuten, dass sie nicht mit der Clique trinken, rauchen und kiffen, nur weil es die anderen tun.

Die Tochter einer Bekannten begann in der Pubertät derart aufmüpfig zu werden, dass ihre Mutter immer wieder in die

Schule zitiert wurde. »Von unzähligen Lehrkräften«, so erzählte sie mir, »hat nur eine einzige Lehrerin das Gute im Widerspenstigen meiner Tochter gesehen.« Inzwischen ist aus der Rebellin eine selbstbewusste Lehrerin geworden, die sehr genau weiß, was sie will und was nicht.

Auch im folgenden Beispiel hatte und hat eine junge Frau sehr zu kämpfen, ist aber mittlerweile im Reinen mit sich und ihrem eigenständigen Wesen:

> Ich war *zu* schwierig, *zu* aufmüpfig, *zu* rebellisch, *zu* asozial. Letzteres erstens als eines von fünf Kindern (in meiner Kindheit/Jugend eher ungewöhnlich), zweitens als Scheidungskind (damals ebenfalls ungewöhnlich), drittens mit einem Vater gesegnet, der Alkoholmissbrauch betrieb, und viertens aufgrund der Tatsache, dass wir als Kinder sehr viel ohne Eltern waren und uns im Prinzip selbst versorgten. Mir hat das nicht geholfen. Im Gegenteil, ich wurde dadurch nur aggressiv und bekam eine enorme Wut auf alle. Ich bezweifle, dass das meinen Eltern aufgefallen ist.
>
> Diese Reaktionen, welche von außen auf dich einschlagen, verunsichern dich nur viel mehr. Meine Konsequenz war einerseits der komplette Rückzug in meine eigene, innere Welt und die Beschäftigung mit mir selbst. Ich wollte »niemandem zur Last fallen« und nicht noch mehr »unter Beschuss stehen«. Mein Fluchtpunkt waren Bücher, denn sie konnten mir einen Raum geben, in welchem ich nicht *zu* schwierig, *zu* aufmüpfig oder *zu* asozial war. Andererseits wusste ich ja, was von mir gehalten wurde, sodass ich dies auch nutzte, um vor allem die Erwachsenen um mich herum zu provozieren und an ihre Grenzen zu bringen. Letztendlich war dies nur ein Schrei nach Aufmerksamkeit, Zuneigung und

Liebe, welcher immer mehr dazu führte, dass man sich als falsch, nicht richtig oder eben als Mängelwesen fühlt.

Heute sehe ich meine ganze Kindheit und Jugend als eine Art Kampf. Der Kampf, mich zu behaupten und zu zeigen, zu sagen: Seht her, mich gibt es und ich bin nicht falsch. Meine mir damals attestierten Mängel sehe ich heute als meine Fähigkeit zu kämpfen. Im Gegensatz zu vielen anderen kann ich sagen, was ich denke und fühle. Ich habe keine Angst davor, meine Meinung zu sagen und ich habe auch keine Angst davor, Menschen, welche von anderen als Autorität angesehen werden, die Stirn zu bieten. Natürlich muss ich hierbei von einer Sache beziehungsweise von meiner Meinung überzeugt sein. Ich weiß, was es bedeutet, für sich zu kämpfen. Ich weiß auch, dass man diesen Kampf nicht immer gewinnen und dass er viel Kraft kosten kann. Aber trotzdem habe ich den Biss und die Durchhaltefähigkeit, für mich und andere einzustehen.

Die Diagnose »Mangel« hat mir, glaube ich, geholfen, Ehrgeiz, Hartnäckigkeit und Strebsamkeit zu entwickeln, da ich allen (und auch mir) immer beweisen musste und wollte, dass ich eben nicht so bin, wie sie denken. Heute, als Erwachsene, bin ich froh, dass ich so bin, wie ich bin, weil ich weiß, dass nicht jeder so sein kann. Ich empfinde es als eine Stärke, nicht bei allem mitmachen zu müssen, nicht Mainstream zu sein und gegen den Strom zu schwimmen. Aber selbst heute bekomme ich von vielen Erwachsenen zu hören, dass ich *zu* schwierig, *zu* rebellisch und vor allem *zu* ehrlich bin.

Julia Schäuble, 30, Germanistin

Neulich telefonierte ich mit einer alten Bekannten. Sie erzählte mir vom Sterben ihres Vaters. »Er war ja sein Leben lang so eigensinnig«, sagte sie, »und das hat oft genervt. Aber am Ende hat es ihm wohl sein Leben verlängert.« Er hatte eine verheerende Krebsdiagnose von seinem Arzt erhalten und war nicht bereit gewesen, diese einfach zu akzeptieren. Er recherchierte im Internet, er reiste zu anderen Ärzten, er machte es so, wie er selbst es für richtig hielt. Und er lebte einige Jahre länger, als der Arzt es ihm prophezeit hatte.

Tipps für Eltern

- Erfreuen Sie sich am Eigensinn Ihres Kindes.
- Erfreuen Sie sich daran, dass es die innere Stärke hat, die so vielen fehlt.
- Akzeptieren Sie, dass Ihr Kind aufgrund seines Eigensinns in der Schule immer wieder anecken wird.
- Geben Sie Ihrem Kind voller Wertschätzung zu verstehen, dass das Eigensinnige in seinem Wesen etwas durchaus Gutes ist, auch wenn es ihm die Schule anders rückmeldet.
- Unterstützen Sie Ihr Kind darin, in seinem Eigensinn die Rechte anderer nicht zu verletzen, den Willen anderer nicht zu beugen und sich nicht für den Nabel der Welt zu halten.
- Vertrauen Sie darauf, dass sich Ihr Kind aufgrund seiner ausgeprägten Ich-Stärke im Leben – beruflich wie privat – nicht unterbuttern lassen und sich und seinen Ansichten treu bleiben wird.

Zu gewissenhaft, *zu* ehrgeizig, *zu* verbissen, *zu* perfektionistisch

Vermutlich ist dies eine Bemängelung, die nicht allzu vielen Eltern auf den Nägeln brennt – aber sie kommt vor. Die Schule meldet es oder die Eltern bemerken es selbst: Das Kind setzt sich selbst zu sehr unter Druck. Es hat keinerlei Mut zur Lücke und verfolgt seine Ziele *zu* verbissen.

»Tja«, mögen Eltern von bekennenden Faulpelzen jetzt sagen, »ich wäre froh, wenn ich ein Kind hätte, das seine Ziele überhaupt verfolgt. Verbissenheit wäre für mich das kleinste Problem.«

Die vermeintliche Schwäche 👎

Verbissenheit kann jedoch durchaus ein Problem sein! Ich selbst war so ein Kind, das erst langsam lernen musste, auch mal locker zu lassen. In einem meiner Zeugnisse fand sich ein Satz wie dieser: »Sie ist stets ängstlich bemüht, alle Aufgaben auf das Gewissenhafteste zu erledigen.« Es gab Zeiten, da litt ich unter einer Drei mehr als meine eigenen Kinder später unter einer Fünf. Ich kann noch nicht mal sagen, dass der Anspruch meiner Eltern so hoch war. Ich war es ganz allein, die sich selbst so unter Druck setzte. Erst vor Kurzem wurde ich von der Trainerin im Fitnessstudio dabei ertappt, wie ich eifrig »Sportgulasch« machte, weil ich möglichst alle Übungen, die sie mir gezeigt hatte, in einer einzigen Einheit absolvieren wollte. »Das ist nicht gut!«, sagte sie streng. »Das ist *zu* viel!«

Wer so gestrickt ist und nicht bewusst gegensteuert, läuft Gefahr, immer unter Leistungsdruck zu stehen, immer angespannt zu sein. Nicht selten auch ist er unter Klassenkameraden und Kollegen als Streber verschrien. Ganz abgesehen davon, dass der Ehrgeiz nicht die sympathischsten Wesensmerkmale an

Menschen zum Ausdruck bringt, ist er auch nicht gesund. Burnout lässt grüßen! Gelassenheit tut not!

Die Stärke in der Schwäche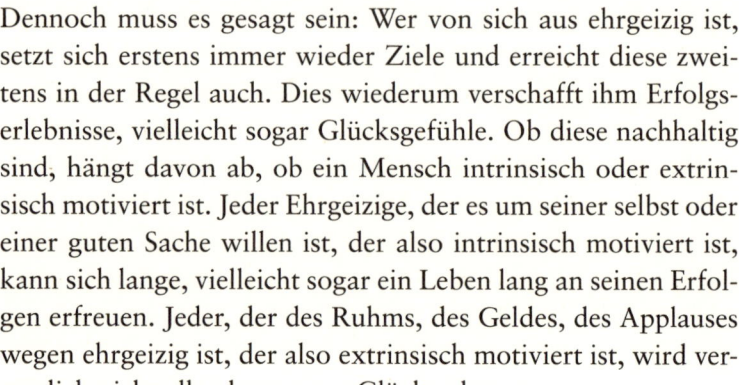

Dennoch muss es gesagt sein: Wer von sich aus ehrgeizig ist, setzt sich erstens immer wieder Ziele und erreicht diese zweitens in der Regel auch. Dies wiederum verschafft ihm Erfolgserlebnisse, vielleicht sogar Glücksgefühle. Ob diese nachhaltig sind, hängt davon ab, ob ein Mensch intrinsisch oder extrinsisch motiviert ist. Jeder Ehrgeizige, der es um seiner selbst oder einer guten Sache willen ist, der also intrinsisch motiviert ist, kann sich lange, vielleicht sogar ein Leben lang an seinen Erfolgen erfreuen. Jeder, der des Ruhms, des Geldes, des Applauses wegen ehrgeizig ist, der also extrinsisch motiviert ist, wird vermutlich nicht allzu lange vom Glück zehren.

Ein treffendes, wenn auch trauriges Beispiel für die negative Macht der extrinsischen Motivation – sei es in Form von Druck oder von Belohnung – sind Untersuchungen, die zeigen: Wenn Kinder, die bislang sehr gerne lasen oder malten, von außen dazu angehalten wurden, diese Tätigkeiten auszuüben, verloren sie die Lust an diesen Tätigkeiten.[68] Wesentlich ist also, dass wir unseren Kindern ermöglichen, möglichst ohne Druck, möglichst selbstgesteuert ihre Ziele zu erreichen.

Tipps für Eltern

- Erfreuen Sie sich am Ehrgeiz Ihres Kindes.
- Erfreuen Sie sich daran, dass es die innere Kraft hat, zu arbeiten und zu lernen – eine Kraft, die so vielen fehlt.
- Akzeptieren Sie, dass Ihr Kind aufgrund seiner ehrgeizigen Art vermutlich von der Schule selbst gelobt, aber von

den Mitschülern womöglich als »Streber« kritisch beäugt wird.
- Geben Sie Ihrem Kind voller Wertschätzung zu verstehen, wie froh Sie sind, dass es so selbstgesteuert arbeitet, aber dass Sie es auch bei nachlassendem Ehrgeiz und bei Misserfolgen nicht weniger lieben werden.
- Vertrauen Sie darauf, dass Ihr Kind aufgrund seiner ehrgeizigen Wesensart beruflich erfolgreich sein wird.
- Rechnen Sie aber auch damit, dass der Ehrgeiz in zwischenmenschlichen Beziehungen zum Problem werden kann.
- Unterstützen Sie Ihr Kind darin, etwas lockerer zu lassen – indem Sie mit ihm diskutieren, indem Sie ihm entsprechende Lektüre anbieten, indem Sie mit ihm passende Filme ansehen, indem Sie seinen Blick weiten dafür, was es noch im Leben gibt außer dem Setzen und Erreichen von Zielen.
- Unterstützen Sie Ihr Kind darin, seinen Ehrgeiz nicht auf Kosten anderer Menschen auszuleben.
- Denken Sie daran, wie viele Menschen, aus denen etwas geworden ist, dies auch ihrem Ehrgeiz zu verdanken haben.

Zu aggressiv, *zu* jähzornig

Lange war ich selbst der Meinung, an der Bemängelung »*zu* aggressiv« gäbe es nichts »anders zu sehen«. Wenn ich andere in ihrem Aggressiv-Sein erlebte, kroch in mir etwas hoch, was man wohl Angst nennen kann. Wenn ich selbst einen Anfall von Jähzorn erlitten hatte, schämte ich mich und entschuldigte mich, meist zumindest. Dann sah ich genauer hin. Mir wurde bewusst, dass Aggression – aus dem Lateinischen abgeleitet – zunächst nur bedeutet, dass jemand an ein Objekt herantritt, um auf dieses einzuwirken. Das sagt noch nichts darüber aus, dass dies in zerstörerischer Art passieren muss.

So nahm ich ganz bewusst auch »*zu* aggressiv« in den Katalog der Schwächen auf, in denen man Stärken sehen kann. Immerhin gibt es unzählige Eltern und Lehrer, die diese Bemängelung aussprechen.

Die vermeintliche Schwäche 👎

Jedes Kind erlebt bei den unzähligen Lernprozessen, die es durchlebt, immer wieder Frustration, die sich in Traurigkeit und Wut zeigt. Wenn wir zu einem Kind in solch einer Situation sagen: »Sei nicht so wütend!«, oder es zu beschwichtigen versuchen, missachten wir sein echtes Gefühl. Und Missachtung fördert das destruktive Ausleben der Aggression. Dass wir Erwachsene auf Aggression so oft mit Missachtung reagieren, liegt wohl daran, dass wir Wut, Jähzorn, Aggression als etwas Schlimmes betrachten, das nur Unheil anrichtet, das es nicht geben darf, beziehungsweise das nur unkontrollierte, einfache Menschen an den Tag legen.

Tatsächlich haben Menschen, große wie kleine, in ihrer Wut durchaus etwas Angsteinflößendes. Und tatsächlich sind aus Aggression auf dieser Erde schon die allerschlimmsten Dinge entstanden – und entstehen täglich aufs Neue. Dies gilt aber nur für die destruktive Form der Aggression, die sich als Gewalt gegen Menschen, Tiere und Dinge richtet. Dass es unseren Kindern möglich wird, ihre Aggression konstruktiv auszuleben, dafür sind wir Erwachsene verantwortlich.

Interessant in diesem Zusammenhang: Wie sehr Erwachsene ihr eigenes aggressives Verhalten falsch einschätzen, zeigt Jesper Juul an einer dänischen Studie: Die Mehrheit von Kindergartenkindern glaubte, in 80 Prozent der mit Erwachsenen verbrachten Zeit beschimpft worden zu sein, die Erwachsenen aber meinten, nur 20 Prozent der Zeit geschimpft zu haben.[69] Wir müssen also vor der eigenen Tür zu kehren beginnen!

Die Stärke in der Schwäche

Laut Jesper Juul müssen wir Eltern in einen kommunikativen Prozess eintreten – gerade auch im Zusammenhang mit Aggression –, selbst wenn wir nicht in der Stimmung dazu sind. Juul spricht sich vehement dafür aus, die ganze Palette an Gefühlen zuzulassen, also auch Gereiztheit, Frustration, Wut, Zorn und Hass, wenn eine gute Beziehung zwischen Erwachsenen und Heranwachsenden gelingen soll. Denn nur indem wir unsere vielfältigen Emotionen ausdrücken und austauschen, können wir reif und erwachsen werden.

Oft hilft es enorm, wenn wir Eltern einen Perspektivwechsel vollziehen und uns in unser Kind hineinversetzen: Warum ist es gerade so aggressiv geworden? Auch wenn dies nicht reicht, wenn es Eltern nicht gelingt, die zerstörerischen Anteile der Aggressionen zu begrenzen und deren kreatives Potenzial freizusetzen, ist noch nichts verloren, denn selbst dann können wir noch intervenieren, wie Jan-Uwe Rogge in seinem Buch *Kinder dürfen aggressiv sein* zeigt.[70]

Hätten wir Menschen keine Aggression, könnten wir uns keine Ziele setzen und verfolgen – privat wie beruflich. Aggression ist die Triebfeder für unser Handeln. Sie ist eine natürliche Emotion, und der richtige Umgang mit ihr muss eine Kindheit lang gelernt werden. Wenn wir es schaffen, dass unsere Kinder auch ihre negativen Gefühle bewusst wahrnehmen und leben, ohne dass es ins Destruktive abdriftet, fördern wir nicht die Aggression, sondern tun ihnen etwas Gutes, das sie in ihrem ganzen Leben trägt. Wenn wir dagegen Aggression und Wut tabuisieren und dabei erreichen, dass unsere Kinder diese unterdrücken, bereiten wir damit den Nährboden für psychosomatische Erkrankungen, Zynismus und gegen Dinge oder Personen gerichtete Affekthandlungen.[71] Deshalb sollten wir Eltern aggressives Verhalten unserer Kinder nicht be«fürchten», sondern geradezu erwarten. Es ist normal, es gehört zum menschlichen

Leben, es ist gelebte Energie, es kann in die richtigen Bahnen gelenkt werden und es kann uns wertvolle Auskunft geben über die innere Befindlichkeit unseres Kindes – wenn wir es nicht wegreden wollen.

Selbst dem Fluchen bei Wut und Aggression lässt sich etwas Positives abgewinnen: »Wer flucht, ist tendenziell aufrichtiger«, hieß es erst kürzlich in der *Süddeutschen Zeitung*.[72] Ein Team von Psychologen und Wirtschaftswissenschaftlern hatte in mehreren Untersuchungen herausgefunden, dass es gerade die ehrlichen Menschen sind, die schon mal Kraftausdrücke verwenden. Sie filtern ihre Sprache nicht, sie verstellen sich nicht und geben keine sozial erwünschten Antworten.

Tipps für Eltern

- Wenn Ihr Kind aggressiv in Erscheinung tritt: Erfreuen Sie sich an seiner Energie, auch wenn es schwerfällt.
- Verteufeln Sie das Verhalten nicht, sondern nehmen Sie es zum Anlass, das Leben aus der Perspektive Ihres Kindes zu betrachten.
- Versuchen Sie zu verstehen, was das Kind so wütend macht.
- Akzeptieren Sie seine Wut als Gefühl und unterstützen Sie Ihr Kind dabei, seine Aggression konstruktiv und nicht destruktiv auszuleben.
- Geben Sie Ihrem Kind voller Wertschätzung zu verstehen, dass seine Aggression – auch wenn sie destruktiv geäußert wird – Ihre Liebe zu ihm nicht mindert.
- Vertrauen Sie darauf, dass Ihr Kind aufgrund der in der Aggression steckenden Lebensenergie beruflich erfolgreich sein wird.
- Denken Sie daran, dass alle Menschen Aggression in sich tragen und dass aus vielen ehemals aggressiv auftretenden Kindern etwas geworden ist.

- Reflektieren Sie immer wieder Ihr eigenes Verhalten hinsichtlich Ihres Umgangs mit Aggression: Wie reagiere ich, wenn mein oder ein anderes Kind aggressiv auftritt?
- Fragen Sie sich immer wieder selbstkritisch: Zeige ich Aggression, ohne es zu merken? Richte ich damit Unheil an? Erkläre ich meinem Kind, warum ich gerade so wütend bin?

Mängelhäufung mit gutem Ausgang

Zuletzt noch ein Beispiel, das in keine der bisherigen neun Kategorien passt – es sind schlichtweg zu viele unterschiedliche Mängel, die der jungen Frau attestiert wurden. Da es aber ein echter Mutmach-Erfahrungsbericht ist, möchte ich Ihnen, liebe Leserinnen und Leser, diese Geschichte nicht vorenthalten.

Von meiner Grundschulzeit bis zum Ende meiner Schulzeit haben mich mehrere »Mängel« begleitet: Ich war angeblich *zu* vorlaut, *zu* unkonzentriert und *zu* unordentlich, *zu* dominant in Gruppenarbeiten und ständig *zu* spät dran in den höheren Klassen, beziehungsweise *zu* morgenmuffelig in den niedrigeren Klassen. Sicherlich waren diese Vorwürfe nicht grundlegend falsch. Der Reihe nach:

Zu vorlaut:
Ich habe schon immer meine Meinung gesagt – auch Lehrern oder Erwachsenen. So wurde ich erzogen. Ganz besonders, wenn ich danach gefragt wurde, gern aber auch ungefragt und besonders dann, wenn ich mich oder andere ungerecht behandelt fand. Ungerechtigkeit macht mich bis heute wütend. Vielleicht habe ich, vor allem in der Pubertät, nicht immer den richtigen Ton gefunden, um

meine Sicht der Dinge darzulegen. Aber im Nachhinein finde ich, man sollte von Erwachsenen, und dazu noch von Pädagogen, erwarten können, dass sie eine Schülerin darauf aufmerksam machen, dass sie ihr Anliegen in angemessenen Worten und in angemessenem Ton vortragen soll, anstatt ihr generell den Mund zu verbieten oder sie nicht ernst zu nehmen.

Inzwischen fluche ich nur noch privat und heimlich wie ein Kesselflicker und habe es ansonsten gelernt, mich gebührend zu artikulieren. Das kam irgendwann von ganz allein. Vielleicht, weil mit dem Ausklingen meiner Pubertät auch die Wut, die ich immer in mir hatte, verschwand. Wahrscheinlich nennt man das Erwachsenwerden.

Aber davon abgesehen verkünde ich noch immer gern meine Meinung – gefragt und ungefragt. Das kann für meine Mitmenschen sehr anstrengend sein. Aber in meinem Beruf als Journalistin ist es sehr von Vorteil. Ich habe nach wie vor keine Angst, Menschen unangenehme Fragen zu stellen oder ihnen zu sagen, was ich denke – egal, welche Position sie innehaben.

Zu unkonzentriert und *zu* unordentlich:

Nicht konzentriert zu sein, wurde mir auf unterschiedlichen Ebenen vorgeworfen.

Nahezu traumatisch war in diesem Punkt meine Klassenlehrerin aus der 1. Klasse. Ohnehin entsprach ich nicht ihrem Bild eines Mädchens: Ich raufte mit den Jungs, war vorlaut oder sagte meine Meinung (reine Auslegungssache) und konnte einfach nichts Hübsches produzieren. Weder konnte ich schön malen, noch konnte ich ordentlich schreiben. Ihrer Meinung nach lag das an meiner mangelnden Fähigkeit, mich in Ruhe zu konzentrieren, und sie traktierte mich mit Strafaufgaben, oder noch schlimmer: Sie brachte einen Stempel unter meine Hausaufgabe, auf dem ein junger Vogel von einem Ast fiel, anstatt zu fliegen – und die Vogelmutter sagte: »Du kannst es besser.« Nein! Konnte ich nicht! Ich habe bis heute eine Sauklaue und war in Kunst immer schlecht, bis ich Klausuren schreiben durfte und nicht mehr malen musste. Die Lehrerin trieb mich an den Rand der Verzweiflung, denn ich wollte wirklich gut sein und hübsch schreiben, aber egal, wie viel Mühe ich mir gab, ich konnte es einfach nicht. Bis heute bekomme ich Schweißausbrüche, wenn ich in einer Präsentation etwas an eine Tafel schreiben muss. Aber ansonsten leide ich weder darunter, dass ich nicht schön schreibe, noch darunter, dass ich nicht malen kann. Also frage ich mich: Hätte man mich nicht einfach damit in Ruhe lassen können? Es war ja lesbar, was ich schrieb, nur sah es nicht schön aus.

Ein weiterer Punkt, der oft genannt wurde, um meine Nicht-Konzentration zu belegen, war, dass ich ständig kritzelte, quatschte oder aus dem Fenster schaute. Allerdings habe ich trotzdem immer alles mitbekommen, nur diejenigen nicht, mit denen ich quatschte. Inzwischen nennt man das Multitasking und jeder Journalist sollte es beherrschen: ein Interview führen und mitschreiben, telefonieren und mitbekommen, was der Kollege gerade von einem möchte, mit jemandem sprechen und wahrnehmen, was im Hintergrund passiert, seine Arbeit kurz unterbrechen, um sich mit einem anderen Thema zu beschäftigen, und dann nahtlos an den vorherigen Gedanken anknüpfen können …

Ein weiterer Kritikpunkt war meine generelle Unordnung. Dazu kann ich nur sagen: Ja, stimmt, ist bis heute so. Aber warum sollen sich andere darüber aufregen, solange ich alles in meiner Tasche und auf meinem Schreibtisch finde?

Zu dominant in Gruppenarbeiten:
Ausschließlich von Lehrerinnen wurde mir vorgeworfen, dass ich in Gruppenarbeiten das Zepter an mich reiße und andere Gruppenmitglieder sich nicht trauen, ihre Meinung zu sagen. Interessanterweise waren es auch immer nur Mädchen, die sich beschwerten. Jungs freuten sich, dass sie sich nicht kümmern mussten, oder konnten mit meiner Art umgehen und konterten. Ich fand es immer wahnsinnig anstrengend, mit Mädchen zusammenzuarbeiten. Sie mussten immer alles totquatschen und nie wurden Entscheidungen getroffen. Außerdem gab es eine Verhaltensregel, die ich zwar kannte, aber nie einhielt: Gruppenarbeiten haben es an sich, dass es eine tolle und viele weniger tolle Aufgaben gibt. Mädchen erwarten, dass gefragt wird, wer die tolle Aufgabe übernehmen will, alle reihum sagen, es sei ihnen egal, wer das mache, bis dann am Ende gelost wird oder die hübscheste die Aufgabe bekommt. Ich bin das umgangen und habe mich gemeldet, nachdem alle gesagt haben, es sei ihnen egal. Deshalb war ich dann total fies.

Heute habe ich den Eindruck, ich habe zwar einerseits ausgenutzt, dass Mädchen eben Mädchen sind und es mir egal war, dass sie mich dann fies fanden, und vielleicht ist die ein oder andere Schüchterne dabei untergegangen. Andererseits habe ich Verantwortung übernommen und dafür gesorgt, dass auch etwas am Ende des Projekts steht und wir nicht ewig die Zeit damit verplemperten, abzustimmen und höflich zu sein. Vielleicht hätten die Lehrerinnen besser die Mädchen ermuntert, mir die Meinung zu geigen, anstatt mir zu sagen, ich solle nicht so dominant sein.

Nebenbei: Im Berufsleben wird niemals zweimal gefragt, wer die tollste Aufgabe machen möchte –

entweder man krallt sie sich schnell oder man muss sich mit dem Rest zufriedengeben.

Zu spät und ein Morgenmuffel:

»Später im Berufsleben musst du auch um acht bei der Arbeit sein und kannst nicht einfach zu spät kommen!« Das ist der Satz, den ich, besonders in der Oberstufe, ständig hörte. Und schon damals antwortete ich: »Ich werde niemals einen Beruf haben, bei dem ich täglich um acht Uhr erscheinen muss.« Habe ich auch nicht. Seit ich berufstätig bin, musste ich nie um acht irgendwo sein, das Früheste war neun Uhr. Dafür kommt es mir zugute, dass ich ausgesprochen abend- und nachtaktiv bin. Ich habe also kein Problem damit, nach späten TV-Shows noch bis in die Nacht mit den Gästen freundlich Small Talk zu halten.

All die Dinge, die an mir bemängelt wurden, und die straffen Strukturen, in die jeder Schüler gleichermaßen und ohne Rücksicht auf die Lebensumstände gepresst wurde, haben dafür gesorgt, dass Schule bis heute für mich die schlimmste Zeit meines Lebens war. Es gab zwar auch einige nette Lehrer, aber – um ehrlich zu sein – fallen mir da gerade mal fünf Namen ein. Fünf Namen in 14 Jahren und aus vier Schulen – das kommt davon, wenn man *zu* vorlaut, *zu* unkonzentriert, *zu* dominant und *zu* spät ist! Und das ist schade, denn ich wollte immer lernen und habe gern gelernt. Ich war auch nie wirklich schlecht in der Schule, immer oberer Durchschnitt. Außer in einem Schuljahr, da bin ich so selten anwesend gewesen, dass ich von der Schule flog. Ich hatte auch immer Freunde und war keine Außenseiterin, aber mir kamen meine Lehrer und Lehrerinnen sehr weltfremd vor. Und ernst genommen gefühlt habe ich mich auch meist nicht.

Erst im Studium bin ich wirklich aufgeblüht: Ich konnte

mich zum Großteil mit Inhalten beschäftigen, die mich interessierten, es war mir selbst überlassen, wann und wie ich anwesend war, Hauptsache, das Ergebnis stimmte. Und ich habe tolle Kommilitonen um mich gehabt, die alle vorlaut waren. Abgeschlossen habe ich als Jahrgangsbeste. Trotz meiner Sauklaue.

Janne Evers, 30, TV-Journalistin

Schlusswort

Zuallererst: Ich erhebe keinen Anspruch auf Vollständigkeit. Vermutlich gibt es noch viele *Zu*, die ich nicht gewürdigt habe. Falls Sie also nach der Lektüre bemängeln, ich sei *zu* wenig gründlich gewesen und hätte deshalb ein wesentliches *Zu* vergessen, möchte ich Sie ausdrücklich ermuntern: Versuchen Sie die Sache mit den Mängeln hier einmal nicht anders zu sehen, sondern informieren Sie mich gnadenlos und ehrlich unter email@h-brosche.de. Ich nehme diese fehlenden *Zu* gern in meine schon stattliche Sammlung auf.

Was ich mir aber davon abgesehen erhoffe: dass die Lektüre dieses Buches Sie trainiert hat im »Anders-Sehen«, dass Sie auch bei anderen Bemängelungen, die man Ihrem Kind entgegenbringt, die Stärke in der Schwäche sehen können.

Ganz unabhängig davon aber kommen Sie als Leserin oder Leser vermutlich nicht an der Erkenntnis vorbei: Die Palette der Bemängelungen ist groß. Und vielfältig. Manchmal sogar gegensätzlich. Ist der eine *zu* schüchtern, erntet der andere Kritik für sein *zu* ausgeprägtes Draufgängertum. Wird die eine für ihren *zu* verbissenen Ehrgeiz gescholten, wirft man der anderen *zu* wenig Ehrgeiz vor.

Gibt es tatsächlich ein Mittelmaß, das richtiger ist als die *Zu*-Zuschreibungen? Sind alle, die nie ein tadelndes *Zu* abgekriegt haben, die besseren Mitmenschen? Haben sie bessere Chancen auf ein erfülltes Leben? Wäre das Leben schöner, wenn es nur Menschen gäbe, die nicht *zu* ... sind? Wäre eine Gemeinschaft wirklich »reicher«, wenn sie sich aus Individuen zusammensetzen würde, denen man nie ein *Zu-*...-Etikett angeheftet hat?

Im Laufe meiner Recherchen für dieses Buch habe ich immer wieder Menschen angesprochen: Warst du mal *zu* ...? Kennst du jemanden, der *zu* ... war? Viele antworteten mit einem Aufseufzen, dem ein »Allerdings!« folgte. Nicht wenige aber sagten zunächst auch: »Nein, ich war wohl *zu* angepasst, um als *zu* ... zu gelten. Ich habe immer versucht, die Erwartungen zu erfüllen.« Wie das Gespräch dann weiterging, war unterschiedlich.

Variante 1: »Eigentlich schade, dass ich so angepasst war!«

Variante 2: »Wenn ich richtig überlege, gab es doch ein *Zu*.« Und schon folgte eine Erzählung, die detailgenau beschrieb, wie irgendjemand in der Kindheit einen Mangel aussprach. »Hatte ich ganz vergessen«, hieß es dann.

Was ich daraus schließe: Vielleicht gibt es wirklich Menschen, die ohne Bemängelungen groß wurden. Oft aber wird vergessen und verdrängt, was einst als Makel galt. Verschwunden aber ist es nicht!

Ich bin überzeugt davon, dass es sich lohnt, nicht nur das Bemängeln prinzipiell kritisch zu reflektieren, sondern sich stets um den »anderen« Blick zu bemühen – bezogen auf unsere Mitmenschen, auf uns selbst und vor allem auf unsere Kinder.

Wie Sie Bemängelungen anders sehen können – bezogen auf einen Mitmenschen
1. Beobachten Sie Ihren Mitmenschen genau und versuchen Sie, sein Wesen zu erkennen.
2. Akzeptieren Sie, dass er dieses Wesen hat.
3. Versuchen Sie bewusst, das Positive in seinem Wesen zu sehen und sich daran zu erfreuen.

4. Versuchen Sie sich mit Ihrem Wesen auf das Wesen Ihres Gegenübers einzustellen.
5. Sollten Sie zu dem Schluss kommen, dass er Teile seines Wesens negativ auslebt, gibt es zwei Möglichkeiten:

- Wenn Ihnen der Mensch nahe und wichtig ist, versuchen Sie bitte, ihn sensibel darauf hinzuweisen und ihm eventuell durch Denkanstöße zu helfen.
- Wenn Ihnen der Mensch nicht nahe und nicht wichtig ist, sollten Sie sein Wesen akzeptieren, ohne sich zu ärgern. Zumindest aber können Sie versuchen, sich von ihm fernzuhalten, wenn er Ihnen mit seiner Art nicht guttut.

Wie Sie Bemängelungen anders sehen können – auf sich selbst bezogen

1. Beobachten Sie sich genau und versuchen Sie, Ihr Wesen zu erkennen.
2. Akzeptieren Sie, dass Sie dieses Wesen haben.
3. Versuchen Sie bewusst, das Positive in Ihrem Wesen zu sehen und sich daran zu erfreuen.
4. Sehen Sie aber auch sehr genau und sehr kritisch auf sich und achten Sie darauf, wie Sie Ihr Temperament und Ihre Eigenschaften ausleben.
5. Sollten Sie zu dem Schluss kommen, dass Sie Teile Ihres Wesens negativ ausleben, versuchen Sie nicht Ihr Wesen, sondern das Ausleben des Wesens zu ändern.
6. Wenn Sie mit anderen Menschen in Kontakt sind, beobachten Sie Ihr Gegenüber genau und versuchen Sie, dessen Wesen zu erkennen.
7. Versuchen Sie sich mit *Ihrem* Wesen auf das Wesen Ihres Gegenübers einzustellen.

Wie Sie Bemängelungen anders sehen können – auf Ihr Kind bezogen

1. Beobachten Sie Ihr Kind genau und versuchen Sie, sein Wesen zu erkennen.
2. Akzeptieren Sie, dass Ihr Kind dieses Wesen hat.
3. Versuchen Sie bewusst, das Positive im Wesen Ihres Kindes zu sehen und sich daran zu erfreuen.
4. Sehen Sie aber auch sehr genau hin und achten Sie darauf, wie Ihr Kind sein Temperament und seine Eigenschaften auslebt.
5. Sollten Sie zu dem Schluss kommen, dass Ihr Kind Teile seines Wesens negativ auslebt, versuchen Sie nicht auf das Wesen, sondern auf das Ausleben Einfluss zu nehmen.

Anhang

Dank

An dieser Stelle ein besonders herzliches Dankeschön

- meiner Schwiegertochter Giulia, die mich durch intensive Gespräche und wertvolle Denkanstöße in einen regelrechten Flow versetzt hat,
- all den Menschen, die offen Einblick in ihre »Schwächen« gewährten und dabei nicht vor Denk-, Erklär- und Schreibmühen zurückschreckten,
- Ingrid Müller vom Systemischen Institut Augsburg, die – einem Infekt tapfer trotzend – geduldig das Wesen des »Reframing« erklärte,
- meiner Freundin und Kollegin Astrid Rösel, deren Rückmeldung auf die erste Fassung jeden Stimmungsaufheller in den Schatten stellte,
- Joel, der genau im richtigen Moment eine kluge Erkenntnis äußerte,
- meinem Kösel-Lektor Gerhard Plachta, der dem Thema Potenzial zutraute,
- meinem Mann und all den anderen Menschen, die mich durch ihre Worte und ihr Verhalten sensibel für das Thema machten
- und nicht zuletzt unseren Söhnen, denen ich so viele Erfahrungen und Erkenntnisse verdanke.

Anmerkungen

1. https://geborgen-wachsen.de/2013/11/16/also-mein-kind-kann-schon-warum-wir-uns-von-anderen-nicht-aus-dem-konzept-bringen-lassen-sollten
2. Marion Sonnenmoser: »Die Big Five sind universell«, in: *Psychologie heute*, August 2005, S. 10
3. http://www.planet-wissen.de/natur/tierwelt/intelligenz_bei_tieren/pwiehabentiereeinencharakter100.html
4. *Frankfurter Rundschau* vom 11.10.2011
5. Michaela Schonhöft: *Kindheiten. Wie kleine Menschen in anderen Ländern groß werden*, München: Pattloch 2013, S. 263
6. Birgit Schönberger: »Die Einzelkämpferphase ist vorbei«, in: *Psychologie Heute*, Juni 2015, S. 23–26
7. Jochen Paulus: »Unter Alphatieren«, in: *Psychologie Heute*, Dezember 2012, S. 17
8. Markus Hengstschläger: *Die Durchschnittsfalle. Gene – Talente – Chancen*, Salzburg: Ecowin 2012
9. Werner Greve: »Ich bin ich!«, in: *Psychologie Heute*, August 2013, S. 30–33
10. Jochen Metzger: »Leben im Komparativ«, in: *Psychologie Heute*, August 2009, S. 40–45
11. https://www.youtube.com/watch?v=JYosR6TbF4o
12. Marshall B. Rosenberg: *Gewaltfreie Kommunikation. Eine Sprache des Lebens*, Paderborn: Junfermann 2009
13. Yvonne Vávra: »Weniger vergleichen, mehr Spaß haben!«, Interview in: *Psychologie Heute*, September 2016, S. 26 f.

14 Andrew Solomon: *Weit vom Stamm. Wenn Kinder ganz anders als ihre Eltern sind*, Frankfurt: S. Fischer 2013
15 Michael Friedrichs: »Kurt oder Feigheit und Pazifismus«, in: Friedrichs, Michael: *Fast Lit. Wortzwischenreime aus Augiasburg*, Augsburg: Ubooks 2004
16 Daniel Pennac: *Schulkummer*, Köln: Kiepenheuer & Witsch 2010
17 http://www.lernwelt.at/downloads/kein-kinde-kommt-schwierig-zur-welt.pdf
18 Studie von Cara Kiff und Liliana Lengua, University of Washington, und Nicole Bush, University of California, zitiert in: Klaus Wilhelm: »Selbstkontrolle und Erziehungsstil«, in: *Psychologie Heute*, November 2011, S. 16
19 Michaela Schonhöft: *Kindheiten*, a. a. O., S. 186–191
20 Christophe André u. Francois Lelord: *Die Kunst der Selbstachtung*, Leipzig: Aufbau-TB 2000
21 Melanie J. V. Fennell: *Anleitung zur Selbstachtung. Lernen, sich selbst der beste Freund zu sein*, Bern: Hans Huber 2005
22 Sebastian Haupt: »Ich bin liebenswert – oder doch nicht?«, in: *Psychologie Heute*, Juni 2010, S. 11
23 Philipp Kutzelmann: »6 Dinge, die Du Deinem inneren Kind sagen solltest«, http://mymonk.de/inneres-kind-saetze/
24 Barbara Strohschein: *Die gekränkte Gesellschaft. Das Leiden an Entwertung und das Glück durch Anerkennung*, München: Riemann 2015
25 Carolin Kebekus im Magazin *Dein Bahnhof*, Herbst 2016
26 Nach Rita Gerber: »Hätte ich das früher gewusst ...«, in: Deutscher Kinderschutzbund: *Starke Eltern – starke Kinder*, Jahresheft 2015, S. 45
27 https://www.youtube.com/watch?v=tOxywMaE8GY
28 http://www.3sat.de/mediathek/?mode=play&obj=61717
29 Malcolm Gladwell: *David und Goliath. Die Kunst, Übermächtige zu bezwingen*, München: Piper 2015
30 Simon M. Laham: *Der Sinn der Sünde. Die sieben Todsünden und warum sie gut für uns sind*, Darmstadt: Primus 2013
31 Judith Glück: *Weisheit. Die 5 Prinzipien des gelingenden Lebens*, München: Kösel 2016
32 https://www.youtube.com/watch?v=XfiOKFSUhHU
33 Evelyn Roll: »Ich war dieses Kind, das unablässig redete«, in: *Süddeutsche Zeitung* vom 30.9.2016 (Interview); http://www.sueddeut-

sche.de/leben/anne-will-im-interview-ich-war-dieses-kind-das-unablaessig-redete-1 318 3378?reduced=true

34 Marion Sonnenmoser: »Mein Kind ist das beste!«, in: *Psychologie Heute*, September 2008, S. 18

35 Birgit Schönberger: »Ausgebrannt«, in: *Psychologie Heute*, Januar 2016, S. 18–21

36 Andrew Smart: *Öfter mal auf Autopilot. Warum Nichtstun so wichtig ist*, München: Goldmann 2014

37 Anna Gielas: »Hochaktives Nichtstun«, in: *Psychologie Heute*, April 2015, S. 86

38 Benedict Carey: *Neues Lernen. Warum Faulheit und Ablenkung dabei helfen*, Reinbek: Rowohlt 2015

39 Tom Hodgkinson: *Anleitung zum Müßiggang*, Berlin: Insel 2013

40 Manfred Koch: *Faulheit. Eine schwierige Disziplin*, Springe: zu Klampen 2012

41 Thomas Hohensee: *Lob der Faulheit. Warum Disziplin und Arbeitseifer uns nur schaden*, Gütersloh: Gütersloher Verlagshaus 2012

42 Anna Roming: »Die Stillen im Lande«, in: *Psychologie Heute*, Januar 2011, S. 21–27

43 *Psychologie Heute*, März 2011, S. 6

44 Heiko Ernst: »Das stille Ich«, in: *Psychologie Heute*, Oktober 2016, S. 18–26 (gilt auch für die folgenden Ausführungen über Jack Bauer und Heidi Wayment)

45 http://www.sueddeutsche.de/leben/thorsten-otto-jeder-hat-eine-interessante-geschichte-1 307 4942

46 Marion Sonnenmoser: »Warum nicht mal extravertiert?«, in: *Psychologie Heute*, August 2012, S. 14

47 Axel Wolf: »Warum so schüchtern?«, in: *Psychologie Heute*, Februar 2008, S. 21–28

48 http://www.gutefrage.net/frage/ist-es-normal-das-ernste-menschen-weniger-gemocht--werden

49 Heidemarie Brosche: *Warum es nicht so schlimm ist, in der Schule schlecht zu sein. Schulschwierigkeiten gelassen meistern*, München: Kösel 2008, S. 89 f.

50 Simon M. Laham: *Der Sinn der Sünde*, a. a. O., S. 110–114

51 Kathrin Schwarze-Reiter: »Ich habe viel zu viel Glück gehabt«, in: *Magazin Schule* 19/2016 (Interview), http://www.magazin-schule.de/magazin/christian-tramitz-ich-habe-viel-zu-viel-glueck-gehabt

52 *Nido*, Heft 2/2017, S. 126

53 »Immer heiter und gut gelaunt«, in: *Psychologie Heute*, Oktober 2006, S. 17
54 http://www.sueddeutsche.de/karriere/job-wer-den-richtigen-ton-trifft-macht-karriere-1 324 8771 vom 15.11.2016
55 http://pressemitteilungen.pr.uni-halle.de/index.php?modus=pmanzeige&pm_id=2656
56 Axel Braig: *Warum es sich lohnt, faul, unpünktlich und unordentlich zu sein*, Berlin: Argon 2003, S. 91
57 Eric Abrahamson und David H. Freedman: *Das perfekte Chaos. Warum unordentliche Menschen glücklicher und effizienter sind*, Berlin: Econ 2007
58 Ingrid Glomp: »Schon in Ordnung!«, in: *Psychologie Heute*, Februar 2017, S. 18–23
59 Simone Einzmann: »Schon wieder zu spät!«, in: *Psychologie Heute*, März 2009, S. 70–75
60 Nach Rita Gerber: »Hätte ich das früher gewusst ...«, a.a.O., S. 43 f.
61 Simone Einzmann: »Schon wieder zu spät «, a.a.O.
62 Agnes Fazekas: »Ein Leben ohne Uhr«, http://www.sueddeutsche.de/muenchen/zeitforscher-karlheinz-geissler-ein-leben-ohne-uhr-1 163 5472
63 Dietmar Strauch: *Alles ist relativ. Die Lebensgeschichte des Albert Einstein*, Weinheim/Basel: Beltz 2005, S. 13
64 Daniel Pennac: *Schulkummer*, a.a.O.
65 http://www.zeitverein.com
66 Julia Hanigk: »Eeendlich! Studie bestätigt: Wer zu spät kommt, ist gesünder und erfolgreicher«, http://www.instyle.de/lifestyle/studie-wer-zu-spaet-kommt-ist-gesuender-und-erfolgreicher
67 Ursula Nuber: *Eigensinn. Die starke Strategie gegen Burn-out und Depression – und für ein selbstbestimmtes Leben,* Frankfurt am Main: Fischer-TB 2016
68 Axel Wolf: »Wie man Ziele erreicht«, in: *Psychologie Heute*, Mai 2011, S. 20–29
69 Jesper Juul: *Aggression. Warum sie für uns und unsere Kinder notwendig ist*, Frankfurt am Main: Fischer-TB 2014, S. 36
70 Jan-Uwe Rogge: *Kinder dürfen aggressiv sein*, Reinbek: Rowohlt-TB 2007
71 Vgl. Heidi Kastner: *Wut. Plädoyer für ein verpöntes Gefühl*, Wien: Kremayr & Scheriau 2014

72 Werner Bartens: »Zum Teufel – Wer flucht, ist tendenziell aufrichtiger«, in: *Süddeutsche Zeitung* vom 19.1.2017, http://www.sueddeutsche.de/wissen/sozialpsychologie-wer-haeufig-flucht-ist-ehrlicher-1 333 8138

Literaturverzeichnis

Abrahamson, Eric; Freedman, David H.: *Das perfekte Chaos. Warum unordentliche Menschen glücklicher und effizienter sind*, Berlin: Econ 2007
André, Christophe; Lelord, Francois: *Die Kunst der Selbstachtung*, Leipzig: Aufbau-TB 2000
Axt, Peter; Axt-Gadermann, Michaela: *Vom Glück der Faulheit. Langsame leben länger. So teilen Sie Ihre Lebensenergie richtig ein*, München: F. A. Herbig 2014
Baer, Udo; Frick-Baer Gabriele: *Der kleine Ärger und die große Wut*, Weinheim/Basel: Beltz 2015
Bauer, Joachim: *Schmerzgrenze. Vom Ursprung alltäglicher und globaler Gewalt*, München: Heyne 2013
Berckhan, Barbara: *Schluss mit der Anstrengung! Ein Reiseführer in die Mühelosigkeit*, München: Kösel 2002
Bode, Sabine: *Nachkriegskinder. Die 1950er Jahrgänge und ihre Soldatenväter*, Stuttgart: Klett-Cotta 2015
Braig, Axel: *Warum es sich lohnt, faul, unpünktlich und unordentlich zu sein*, Berlin: Argon 2003
Brosche, Heidemarie: *Warum es nicht so schlimm ist, in der Schule schlecht zu sein. Schulschwierigkeiten gelassen meistern*, München: Kösel 2008
Carey, Benedict: *Neues Lernen. Warum Faulheit und Ablenkung dabei helfen*, Reinbek: Rowohlt 2015
Carstensen, Richard: *Als Hans noch Hänschen war. Heiteres aus der Kindheit berühmter Leute*, Esslingen: Bechtle 1958
Davidson, Richard: *Warum wir fühlen, wie wir fühlen. Wie die Gehirn-

struktur unsere Emotionen bestimmt – und wie wir darauf Einfluss nehmen können, München: Arkana 2012

Ernst, Heiko: *Wie uns der Teufel reitet. Von der Aktualität der 7 Todsünden*, Freiburg: Herder 2011

Fennell, Melanie J. V.: *Anleitung zur Selbstachtung. Lernen, sich selbst der beste Freund zu sein*, Bern: Hans Huber 2005

Fletcher, Ben C.; Pine, Karen J.: *Flex: Do Something Different. How to use the other 9/10ths of your personality*, Hatfield: University of Hertfordshire Press 2012

Friedrichs, Michael: *Fast Lit. Wortzwischenreime aus Augiasburg*, Augsburg: Ubooks 2004

Gladwell, Malcolm: *David und Goliath. Die Kunst, Übermächtige zu bezwingen*, München: Piper 2015

Glück, Judith: *Weisheit. Die 5 Prinzipien des gelingenden Lebens*, München: Kösel 2016

Gürtler, Helga: *Angsthasen und Wüteriche. Kinder lernen alles, wenn wir sie nur lassen. Hilfreiche Wege, die Entwicklung des Kindes positiv zu beeinflussen*, München: Südwest 1997

Hengstschläger, Markus: *Die Durchschnittsfalle. Gene – Talente – Chancen*, Salzburg: Ecowin 2012

Hensel, Ulrike: *Mit viel Feingefühl. Hochsensibilität verstehen und wertschätzen*, Paderborn: Junfermann 2013

Hodgkinson, Tom: *Anleitung zum Müßiggang.* Berlin: Insel 2013

Hohensee, Thomas: *Das Erfolgsbuch für Faule. Entdecken Sie, was Sie wirklich wollen und wie Sie es ohne Stress erreichen*, München: Kösel 2003

Hohensee, Thomas. *Lob der Faulheit. Warum Disziplin und Arbeitseifer uns nur schaden*, Gütersloh: Gütersloher Verlagshaus 2012

Hüther, Gerald; Hauser, Uli: *Jedes Kind ist hoch begabt. Die angeborenen Talente unserer Kinder und was wir aus ihnen machen*, München: btb 2013

Juul, Jesper: *Aggression. Warum sie für uns und unsere Kinder notwendig ist*, Frankfurt am Main: Fischer-TB 2014

Kastner, Heidi: *Wut. Plädoyer für ein verpöntes Gefühl*, Wien: Kremayr & Scheriau 2014

Koch, Manfred: *Faulheit. Eine schwierige Disziplin*, Springe: zu Klampen 2012

Koneberg, Ludwig; Gramer-Rottler, Silke: *Verkannte Genies. Wenn Kinder in der Schule scheitern*, München: Kösel 2010

Laham, Simon M.: *Der Sinn der Sünde. Die sieben Todsünden und warum sie gut für uns sind*, Darmstadt: Primus 2013
Largo, Remo H.: *Kinderjahre. Die Individualität des Kindes als erzieherische Herausforderung*, München: Piper 2011
Largo, Remo H.: *Lernen geht anders. Bildung und Erziehung vom Kind her denken*, München: Piper 2012
Largo, Remo H.: *Schülerjahre. Wie Kinder besser lernen*, München: Piper 2009
Montessori, Maria: *Kinder sind anders*, Stuttgart: Klett-Cotta 2015
Nadolny, Sten: *Die Entdeckung der Langsamkeit*, München: Piper 2012
Nuber, Ursula: *Eigensinn. Die starke Strategie gegen Burn-out und Depression – und für ein selbstbestimmtes Leben*, Frankfurt am Main: Fischer-TB 2016
Pennac, Daniel: *Schulkummer*, Köln: Kiepenheuer & Witsch 2010
Renz-Polster, Herbert: *Kinder verstehen. Born to be wild: Wie die Evolution unsere Kinder prägt*, München: Kösel 2016
Renz-Polster, Herbert: *Menschenkinder. Artgerechte Erziehung – was unser Nachwuchs wirklich braucht*, München: Kösel 2016
Rogge, Jan-Uwe: *Kinder dürfen aggressiv sein*, Reinbek: Rowohlt-TB 2007
Rosenberg, Marshall B.: *Gewaltfreie Kommunikation. Eine Sprache des Lebens*, Paderborn: Junfermann 2009
Schmidt, Ina: *Alles in bester Ordnung oder wie man lernt, das Chaos zu lieben. Ein philosophischer Wegweiser vom Suchen zum Finden*, München: Ludwig 2011
Schonhöft, Michaela: *Kindheiten. Wie kleine Menschen in anderen Ländern groß werden*, München: Pattloch 2013
Sellin, Rolf: *Wenn die Haut zu dünn ist. Hochsensibilität – vom Manko zum Plus*, München: Kösel 2011
Sloterdijk, Peter: *Zorn und Zeit. Politisch-psychologischer Versuch*, Frankfurt am Main: Suhrkamp 2006
Smart, Andrew: *Öfter mal auf Autopilot. Warum Nichtstun so wichtig ist*, München: Goldmann 2014
Solomon, Andrew: *Weit vom Stamm. Wenn Kinder ganz anders als ihre Eltern sind*, Frankfurt: S. Fischer 2013
Strauch, Dietmar: *Alles ist relativ. Die Lebensgeschichte des Albert Einstein*, Weinheim/Basel: Beltz 2005
Strohschein, Barbara: *Die gekränkte Gesellschaft. Das Leiden an Entwertung und das Glück durch Anerkennung*, München: Riemann 2015

Werner, Florian: *Schüchtern. Bekenntnis zu einer unterschätzten Eigenschaft*, München: Nagel & Kimche 2012

Young-Eisendrath, Polly: *Wenn Eltern es zu gut meinen. Warum übertriebenes Anspruchsdenken zu überforderten und egoistischen Kindern führt*, München: Arkana 2009

Was brauchen Kinder wirklich?

Immer neue Erziehungstheorien und selbst ernannte Fachleute setzen Eltern mit widersprüchlichen Aussagen unter Druck. Doch es gibt sehr wohl verlässliche Antworten. Bestsellerautor Herbert Renz-Polster zeigt: Wer das biologische Erbe seiner Kinder versteht, kann ihnen zuverlässig beistehen. Auch in einer Welt, die sich so rasant wandelt wie nie zuvor.

www.koesel.de

Ein neuer Blick auf kleine Menschen

Hätten Kleinkinder früher wahllos grüne Blätter gegessen, hätten sie nicht lange überlebt. Kein Wunder, dass sie heute noch Gemüse skeptisch beäugen! Dr. Herbert Renz-Polster erklärt die Entwicklung der Kinder aus evolutionsbiologischer Sicht – verblüffend, spannend und hilfreich für alle Eltern.

www.koesel.de